国際取引法 入門

Introduction to
Legal Aspects of
International
Business
Transactions

編

早川吉尚
森下哲朗

著

羽賀由利子
小池未来
小川和茂
福井清貴
種村佑介
小野木尚
中村知里
伊達竜太郎
藤澤尚江
洪　淳康
岩本　学

有斐閣

は し が き

■「国際取引法」の現代における広がり

　本書は「国際取引法」の入門書である。とはいっても本書は，国際的な物品売買の法的規律のみを扱っているわけではない。とくに，**第3編**，**第4編**で扱っている事項は，従来の「国際取引法」と題された書籍では必ずしも扱ってこなかった事柄も含んでいる。

　この点，企業が国際的な活動をする際，外国の企業との間において物品を売買するといった狭義の「取引」しか方法がなかった時代も，かつては確かに存在していた。そのような時代においては，そうした狭義の「取引」の国際的な法的規律を扱うだけで，その時代の要請に応えることができたかもしれない。

　しかし，現代における企業の国際的な活動は，そのような単純な形態をはるかに超えるものになっている。もちろん，**第2編**で扱うような日本企業と海外企業との間において取引を行う場合の法的規律も依然として重要である（**第3章〜第6章**）。

　しかしそれ以外に，海外に自社の拠点を置いて当該海外市場に対して直接に自社のサービスを展開するといった形態が，巨大な企業ではなくとも珍しくなくなっている。その際には，現地の企業の販売網を利用する形で海外代理店・販売店を置く方法もあるし（**第7章**），海外に支店を置く，あるいは，子会社を設立するといった方法もある（**第8章**）。また，その場合，収益が海外で発生することになるため，課税が国際的にどのようになされるかという問題にも対応しなければならないし（**第9章**），単なる売買代金の国際決済を超えて，複雑な金融取引を国際的に行う必要をも発生させる（**第10章**）。さらに，競争法規制・経済安全保障規制・腐敗防止規制の

はしがき　　i

国際的な適用にも対応しなければならないし（**第 11 章**），最近では人権保護や個人情報保護の観点からの新たな規制の国際的な適用にも対応しなければならない（**第 12 章**）。もちろん，現地で労働者の雇用もしなくてはならないため，国際的な労使関係にも対応しなければならない（**第 13 章**）。

また，紛争解決という点でも，国家により提供される裁判所という紛争解決システムには，（国家ごとに別異のシステムが併存しているというその基本構造ゆえに）国境を越えて発生する国際紛争を解決するのにさまざまな限界があるため（**第 14 章**），ビジネス界が主導して構築されたより普遍的な紛争解決システムである国際仲裁が，国際紛争の実効的な解決に機能を発揮するようになっている（**第 15 章**）。

このようにみてくると，企業の国際的な活動の法的規律を対象とする「国際取引法」は，現代においては大きな広がりをもつに至っており，そうした要請に十分に応えられることを企画段階から心がけたため，本書は多彩な項目を含んだものになった。もっとも，そのように広がりをもったとして，国際的な法的規律を考えるための基本構造には変わりはなく，そうした構造と理解のために必要な基本的知識については冒頭に示すこととした（**第 1 章**，**第 2 章**）。

■国際ビジネス関係者における意義

以上のように本書は，現代における国際企業活動を巡る法的規律の全体像を明らかにすることを試みるものであり，国際ビジネスに携わる人々にとっては，自身が現在関与している業務が全体の中でどのように位置づけられるのか，他にどのような分野が関係しているのか，そして，そこではどのような問題が新たに発生しているのか，法的規律という観点から，これらを理解するための手助けにな

るであろう。

　また，国際ビジネスに関与する弁護士や法務部スタッフにとっては，現在直面している問題を深く掘り下げるために，前提となる最低限の法的知識を提供するとともに，どのような分野につきどのような方向で調査・検討を進めていくべきか，一定の指針を与えるものになるであろう。

　それぞれの分野の法学専門書はあまたに存在する。しかし，企業が国際的に活動する中で直面せざるをえない問題を網羅的に扱おうとする「国際取引法」においては，必然的に，個々の分野につき深く掘り下げるのではなく，分野横断的なアプローチをとらざるをえない。そして，そのような分野横断的な法学専門書は意外に少ないのであり，そうであるがゆえに，上記のような意義を有することができると言えよう。

■法科大学院生・法学部生における意義

　他方，法科大学院生については，司法試験の選択科目の1つである「国際関係法（私法系）」において「国際取引法」が含まれていることから，より実践的な意味において，本書を通じて最新の「国際取引法」を学ぶことは重要となる。そしてそれは，卒業後の法科大学院への進学，あるいは予備試験を通じて，将来的に司法試験に挑戦しようとする法学部生（あるいは他学部の学生）にとっても同様である。

　ただ，上述のように本書は，「国際取引法」が伝統的に扱ってきた国際物品売買契約を巡る法的規律に関する説明を超えて，現代において企業が国際的な活動をするにあたり直面せざるをえない，さまざまな分野における問題を網羅的に解説するものである。試験で出題される可能性が低い分野や問題についての解説であっても，現

はしがき　iii

代における実務の現実という観点からはきわめて重要なものばかり
であり，司法試験を意識して本書を手に取ったとしても，是非，こ
れを契機に精読していただきたい。勉強を継続することのモチベー
ションを与えるであろうし，将来において必ず役に立つことも間違
いはない（もちろん，試験対策のための教科書としても本書は有用であ
る）。

■グローバル化のさらなる進展と「国際取引法」を学ぶ意義の増大
　現在，世界中で「グローバル化」が進行している。わが国におい
ても，身の回りの品々の中に，純粋な「made in Japan」を探すほ
うが難しくなっている。もちろん，こうした流れに抗おうとする
「反グローバリズム」とよばれる主張も存在するが，しかし，反対
意見を表明したからすぐにその流れを止めることができるような単
純な状態にはもはやない。
　その理由の1つは，日本社会における人口減，および，少子高齢
化という現実の中にある。2020年代半ばの現在，日本の人口は1
億2300万人ほどであるが，この数は次第に減少すると合理的に予
測されている。ある将来予測によれば，2050年代には1億人を割
り込むとされている。
　しかし，これ以上に深刻なのは，全人口に占める若年者層の割合
が急速に低下し，高齢者層の割合が急速に増加しているという問題
である。現在，15歳未満の子供の割合は12%ほどであるが，65歳
以上の割合は30%弱にまで達している。そして，ある将来予測に
よれば，2040年には35%を超え，2070年には40%近くまで達す
るとされている。
　この急激な少子高齢化現象については，若年者層の社会保障費の
負担増加との関係で問題視されることが多い。しかし他方で，わが

国の経済を支える日本企業の業績という点においても，深刻な問題である。ある地域における人口減は，その地域において売買される商品の数や提供されるサービスの数の減少を意味する。すなわち，マーケットの縮小である。加えて，相対的に高齢者は購買活動を積極的にしない傾向がある。逆に言えば，商品やサービスの購買者の中心は若年者層であるがゆえに，少子高齢化はマーケットのますますの縮小を意味するのである。

とすると，日本企業は，日本のマーケットだけをターゲットにビジネスを行っている限り，将来の売上は当然に減少していくしかなく，現在の企業規模や従業員数を維持していくことすら難しくなるということになる。

一方，日本の周辺の「新興国」とよばれている国々においては，まったく状況が異なっている。とくに，アジアの諸国においては，たとえば，14億4200万人のインド，14億2500万人の中国，2億8000万人のインドネシア，2億4500万人のパキスタン，1億7500万人のバングラディッシュ等々，ただでさえ莫大な人口を抱える国が多いうえに，そうした人口がますます増加している国がほとんどである。加えて，人口に占める若年者層の割合が高く，しかも，そうした人々の生活水準が急速に向上している。すなわち，新しいマーケットが，まさにわが国の隣で急拡大しているのである。

とすると，日本企業がこれからを生き残っていくために何をしなければならないのかは，明白であるということになる。すなわち，アジアを中心に急拡大している新興国マーケットに対して自社の商品やサービスを効果的に売り込んでいけるかが，今後の事業継続・拡大の切り札になっているのである。そしてこのことは，一昔前の現象，すなわち，労働賃金や土地といった生産インフラの安さに着目して，工場などの生産拠点だけをそうした新興国に移すという形

はしがき　v

での国際化とは，また1つ次元を異にする新しい現象であると言えよう。

　このように，これからの日本にとってグローバル化の進展は必然であり，企業活動のますますの国際化も急務であるといえよう。そうした中，グローバルなコミュニケーションツールとしての英語力の獲得とともに，「国際取引法」を学ぶ意義はますます増大していくと言わざるをえない。本書がそのための一助となれば，これに優る喜びはない。

目　　次

序章　国際取引法を学ぶにあたって ………………………………… 1

1　私たちの生活と国際取引（1）　　2　本書の内容（3）

3　国際取引法の学び方（3）　　4　国際ビジネス法務の世界（5）

第 1 編　国際取引法総論

第 1 章　国際取引と法………………………………………………… 8

第 1 節　国際取引とは　8

1　国際取引と国際取引法（8）　　2　国際取引の種類（9）

第 2 節　国際取引における主体　10

1　自然人（10）　　2　法　人（12）　　3　国（14）

第 3 節　国際取引において生じる法的諸問題　15

第 4 節　国際取引に関係する私法上のルール　18

第 5 節　国際取引に関係する公法上のルール　21

第 2 章　準　拠　法…………………………………………………… 24

第 1 節　準拠法決定の基本　24

第 2 節　契　　約　26

1　準拠法決定ルールの枠組み（26）

2　当事者の合意による契約準拠法の選択（通則法 7 条・9 条）（28）

3　当事者による準拠法選択がない場合の契約準拠法（通則法 8条）（31）

4　契約の方式の準拠法（通則法 10 条）（33）

第 3 節　不法行為　35

1　準拠法決定ルールの枠組み（35）

2　一般不法行為の準拠法（通則法 17 条）（35）

目　　次　vii

3　明らかにより密接な関係がある地の法の適用（通則法 20 条）(37)

4　当事者の合意による準拠法選択（通則法 21 条）(38)

5　公序による制限（通則法 22 条）(38)

第 2 編　国際売買取引

第 3 章　国際物品売買契約 ································· 42

第 1 節　概　要　42

第 2 節　CISG の適用要件と契約準拠法　43

　　1　概　要（43）　　2　「国際性」・「CISG との関連性」の要件（44）

　　3　「物品売買契約」の要件（45）

　　4　CISG の規律事項と任意法規性（46）

第 3 節　契約の成立　49

　　1　概　要（49）　　2　申込み（49）　　3　承　諾（50）

第 4 節　売主・買主の義務　52

　　1　概　要（52）　　2　売主の義務（53）

　　3　買主の義務（57）　　4　インコタームズ（60）

第 5 節　契約違反に対する救済・免責　63

　　1　債務不履行（64）

　　2　債務不履行に対する救済：CISG の救済手段（65）

　　3　契約締結後の事情変更と免責（70）

第 6 節　製造物責任　73

第 4 章　国際運送・保険・決済 ······················· 77

第 1 節　運　送　77

　　1　運送手段の種類とその選択（77）　　2　海上運送（79）

　　3　航空運送（83）　　4　複合運送（86）　　5　運送書類（87）

第 2 節　保　険　92

　　1　貨物保険（92）　　2　貿易保険（94）

第3節　決　済　94

　　　1　決済手段の類型（94）　　2　為替手形・信用状（95）

　　　3　電信送金（98）

第5章　国際知的財産権　‥‥‥‥‥‥‥‥‥‥‥‥‥‥‥‥‥‥‥‥‥‥100

第1節　国際的な権利保護の枠組み　101

　　　1　パリ条約（101）　　2　ベルヌ条約（103）

　　　3　TRIPS協定（知的所有権の貿易関連の側面に関する協定）

　　　（104）

第2節　知的財産に関する契約　106

第3節　知的財産の準拠法　110

　　　1　知的財産に関する契約の準拠法（111）

　　　2　知的財産権侵害の準拠法（112）　　3　並行輸入（114）

第6章　プラント輸出　‥‥‥‥‥‥‥‥‥‥‥‥‥‥‥‥‥‥‥‥‥‥‥117

第1節　プラント輸出とは　117

　　　1　プラント輸出の概要（117）

　　　2　プラント輸出の当事者（118）

　　　3　プラント輸出の類型（119）

第2節　取引に特有の契約条項　120

第3節　プラント輸出契約に適用される法（準拠法その他公法的規制）　124

　　　1　準拠法（125）　　2　公法的規制（125）

　　　3　標準契約約款・ガイドライン（127）

第3編　国際事業展開

第7章　代理店・販売店　‥‥‥‥‥‥‥‥‥‥‥‥‥‥‥‥‥‥‥‥‥‥130

第1節　代理店・販売店契約　130

1　代理店・販売店契約とは（130）

　　2　代理店・販売店契約の内容（132）

　第 2 節　代理店・販売店契約の準拠法と保護立法　134

　　1　代理店・販売店契約の準拠法（134）

　　2　代理店・販売店の保護法制（135）

　　3　代理店・販売店契約と競争法上の制限（137）

第 8 章　国際取引と会社 …………………………………………138

　第 1 節　会社の種類と法人をめぐる法の適用関係　138

　　1　設立準拠法（139）

　　2　外国会社と擬似外国会社の規制（139）

　第 2 節　子会社・合弁企業の設立　141

　第 3 節　M&A　143

　　1　概　要（143）　　2　国際 M&A における法の適用関係（144）

　　3　国際 M&A の個別問題（144）

　第 4 節　国際投資に関する法　145

　　1　国際投資（146）　　2　国際投資保護（147）

　第 5 節　会社の消滅と再生　148

　　1　解散と清算（148）　　2　国際倒産（149）

第 9 章　国際課税…………………………………………………152

　第 1 節　国際課税の枠組み　152

　第 2 節　国際的二重課税の除去と租税条約　153

　第 3 節　恒久的施設（PE）　155

第 10 章　国際金融（為替・ローン・債券）…………………158

　第 1 節　通貨・為替　158

第2節　国際的な資金調達　160

　　1　ユーロ市場（162）　2　ローン（163）

　　3　シンジケートローン（164）　4　債　券（165）

　　5　プロジェクト・ファイナンス（169）

第4編　国際コンプライアンス

第11章　国際経済法 ···174

第1節　競争法と腐敗防止のためのルール　174

　　1　主要国の競争法の特徴（174）　2　域外適用（176）

　　3　経済安全保障・安全保障貿易管理（輸出入規制）（179）

　　4　国際取引における贈収賄（185）

第2節　自由貿易体制の国際的保障の枠組みと基本的な規律　185

　　1　WTO（185）　2　EPA/FTA/投資協定（187）

　　3　WTO における紛争解決（188）

第12章　国際取引と個人の保護 ·····························191

第1節　ビジネスと人権　192

　　1　ビジネスにおける人権の尊重（192）

　　2　各国の法制（195）

第2節　個人情報保護　197

　　1　個人に関する情報・データの利活用と保護（197）

　　2　各国のデータ保護法制（199）

第13章　国際労務 ··203

第1節　労務コンプライアンス　203

第2節　国際労働契約の準拠法　207

第 5 編　国際紛争処理

第 14 章　国際民事訴訟 ················212

第 1 節　国際裁判管轄　212

1　合意を原因とする国際裁判管轄（212）

2　管轄合意がない場合の国際裁判管轄（215）

第 2 節　送達・証拠調べ　219

1　送　達（219）　　2　証拠調べ（220）

第 3 節　外国判決の承認　221

1　総　説（221）　　2　わが国の承認要件（223）

3　わが国の承認・執行手続（225）

第 15 章　国際仲裁 ················227

1　仲裁とは（227）　　2　仲裁と仲裁合意（228）

3　仲裁手続の概要（228）　　4　仲裁に適用される法規範（229）

5　仲裁合意の効力・仲裁合意のドラフティング（231）

6　仲裁廷の構成と仲裁人（234）　　7　審理手続（236）

8　暫定保全措置（237）

9　仲裁判断，その取消および執行（238）

10　仲裁にかかるコスト（239）

おわりに ················243

さくいん ················246

Column 一覧

1-1 契約書の重要性　20

1-2 Lex mercatoria　20

1-3 有事規制　23

2-1 分割指定　30

2-2 実質法的指定　30

2-3 消費者契約の準拠法（通則法 11 条）　33

2-4 名誉・信用毀損の準拠法（通則法 19 条）　36

2-5 請求権競合　37

3-1 CISG の適用排除と統一的解釈への努力　48

3-2 米国製造物責任法の展開とその背景　74

3-3 EU 法の「規則（Regulation）」と「指令（Directive）」　76

4-1 ハンブルク・ルールとロッテルダム・ルール　80

4-2 ワルソー条約　84

4-3 運送書類の電子化　91

4-4 共同海損　93

4-5 ロイズ S.G. 保険証券　93

4-6 　保険会社が保険金を被保険者に払った後はどうなるか？　93

4-7 スタンドバイ信用状　98

4-8 SWIFT　98

5-1 営業秘密と不正競争防止法　105

5-2 地理的表示（Geographical Indication; GI）　105

5-3 職務発明・職務著作　107

6-1 ノウハウの提供に関する契約条項　123

6-2 LOI（Letter of Intent）　123

6-3 ボイラープレート条項　124

7-1 フランチャイズ契約　131

8-1 海外 IT 事業者である外国会社の事例　140

8-2 M&A 契約　143

9-1 租税回避とタックス・ヘイブン　156

9-2 デジタル課税　157

10-1 暗号資産（仮想通貨）　159

10-2 国家のデフォルト　162

10-3 証券化　171

11-1 ブラウン管事件　178

11-2 多数国間暫定上訴仲裁アレンジメント（MPIA）　189

14-1 消費者・労働者と国際裁判管轄　217

14-2 IT 化と国際送達・証拠調べ　221

15-1 仲裁機関　229

15-2 2023 年仲裁法などの改正　230

15-3 仲裁合意準拠法　233

15-4 投資協定仲裁　239

15-5 国際調停　240

執筆者紹介

（執筆順。肩書は 2024 年 10 月現在。＊は編者）

＊早川吉尚（はやかわよしひさ）
立教大学法学部国際ビジネス法学科 教授，
瓜生・糸賀法律事務所 弁護士
はしがき・おわりに

＊森下哲朗（もりしたてつお）
上智大学法学部国際関係法学科 教授
序章

羽賀由利子（はがゆりこ）
成蹊大学法学部法律学科 教授
第 1 章・第 5 章・第 12 章・第 13 章・Column 3-3・Column 6-1

小池未来（こいけみく）
大阪大学大学院高等司法研究科 准教授
第 1 章・第 2 章・第 4 章

小川和茂（おがわかずしげ）
公益財団法人日本スポーツ仲裁機構 専門員，
立教大学法学部 兼任講師
第 1 章・第 15 章

福井清貴（ふくいきよたか）
明治大学法学部 准教授
第 3 章（第 1 節〜第 4 節）

種村佑介（たねむらゆうすけ）
早稲田大学法学学術院 教授
第 3 章（第 5 節・第 6 節）

小野木 尚（おのぎひさし）
明治学院大学法学部グローバル法学科 准教授
第 6 章

中村知里（なかむらちさと）
神戸大学大学院法学研究科 准教授
第 7 章・第 9 章

伊達竜太郎　沖縄国際大学法学部　教授
第8章

藤澤尚江　筑波大学ビジネスサイエンス系　准教授
第10章

洪　淳康　金沢大学人間社会研究域法学系　教授
第11章

岩本　学　南山大学法学部法律学科　教授
第14章

凡　例

■ 主な法令名・条約名・規則名の略語

外国裁判権法　　外国等に対する我が国の民事裁判権に関する法律

外為法　　　　　外国為替及び外国貿易法

承認援助法　　　外国倒産処理手続の承認援助に関する法律

通則法　　　　　法の適用に関する通則法

民訴法　　　　　民事訴訟法

CISG　　　　　国際物品売買契約に関する国際連合条約

インコタームズ　国内および国際定型取引条件の使用に関する ICC 規則

そのほかの法令などについても適宜略称を用いる。

■ 主な判例・判例集，登載雑誌名の略語

最判（決）　　　最高裁判所判決（決定）

高判（決）　　　高等裁判所判決（決定）

知財高決　　　　知的財産高等裁判所決定

地判（決）　　　地方裁判所判決（決定）

民　集　　　　　最高裁判所民事判例集

判　時　　　　　判例時報

判　タ　　　　　判例タイムズ

百　選　　　　　国際私法判例百選［第 3 版］

ウェブサポートのご案内

本文中の🐛は，ウェブサポートの目印です。

本書のウェブページ（https://www.yuhikaku.co.jp/static_files/ws/isbn_9784641046986/index.html）では，書式サンプルや条文，データベースへのリンク集など，学習をサポートする資料を多数提供しています。下の二次元コードからご覧いただけますので，ぜひご活用ください。

ID：Yuhi04698web
PASS：17a4t1ka

序章
国際取引法を学ぶにあたって

1　私たちの生活と国際取引

　私たちの社会は国際取引によって成り立っているといってよい。資源の乏しい日本は多くの産品を海外から輸入する必要があり，石油や天然ガスはほとんどの部分を，小麦や大豆も 8 割超を輸入に頼っている。皆さんの身の回りにも多くの外国産のものがあるのではないだろうか。一方，輸出が日本経済にとって重要な意味を持っていることも間違いない。輸出が日本の GNP に占める割合は 15〜20 % である。日本は国内市場も大きいことから，例えば，シンガポールや香港のようにこの比率が 100 % を超える国々とは輸出に対する依存割合は大きく異なるが，それでも高い品質の日本製品が世界各国で信頼を得ていることは，国際社会における日本に対するイメージの向上にも大きく貢献している。商品や製品の輸出だけではなく，大規模な生産設備等を輸出するプラント輸出と呼ばれる分野でも，日本企業は国際的に重要な役割を果たしている。

　国際取引は輸出や輸入だけではない。日本のアニメ，漫画，映画は世界の多くの国で楽しまれており，日本動画協会が公表した「アニメ産業レポート 2023」によれば，アニメ産業の売上の約半分は海外におけるものとなっている。国境を越えた金融取引も活発で，日本の金融機関が海外の企業や国家等に融資をしたり，日本で債券

を発行したりする外国国家や企業も多い。

　帝国データバンクが2023年に公表した「海外進出・取引に関する企業の意識調査」によれば，日本企業の28.1％が直接に，または，他社を介する等して間接的に，海外と取引を行っている。また，外務省が公表した「海外進出日系企業拠点数調査」の2023年度版によれば，日本企業の海外支店等，日本企業が100％出資した現地法人およびその支店等，日本企業による直接・間接の出資比率が10％以上の合弁企業やその支店等ならびに日本人が海外に渡って興した企業（日本人の出資比率10％以上）の全世界における合計は，83,000社あまりであった。デジタル技術の発展等によって社会のグローバル化がますます進んでいくとともに，少子化により国内市場の規模が縮小すると予想されることから，これらの割合や数字はさらに増加していくのではないかと思われる。また，日本企業が外国企業と連携してビジネスを行う合弁事業や，日本企業が関係する企業買収・事業譲渡・資本参加等の案件も増加している。

　このような国際取引においては，純粋な国内取引の場合とは異なり，さまざまな法律問題についてどの国の法が適用され，どのように紛争が解決されるのかが問題となる。また，取引の当事者はどのような権利を有し義務を負うかなどの私法的な問題から，国際取引に関するさまざまな規制などについての公法的な問題まで，多様な法的な問題が生じる可能性がある。さらに，国際取引における個人の人権や個人情報の保護に対する要請も高まっている。日本の企業であっても，国際取引を行う場合には，国際的な場で形成されたルールや，欧米のルールを無視することはできず，検討すべき対象は日本法に限られない。

2 本書の内容

このように，国際取引に関係する法の範囲はきわめて広い。とはいえ，法学教育における国際取引法のコアとなるべき内容は，相当程度固まっている。国際取引における法の適用や紛争解決の問題，国際的な契約一般に関する法的問題，国際的な売買取引，代理店・販売店取引，国際運送取引，合弁取引，ライセンス取引等は，多くの国際取引に関するテキストでカバーされている内容である。

さらに，新司法試験の選択科目である国際関係法（私法系）の一部としての国際取引法がある。国際関係法（私法系）は国際私法，国際取引法および国際民事訴訟法からなるが，そのうち，国際取引法は，主として国際売買，国際運送および国際支払に関し，日本において実定法としての効力を有する私法を中心とする。この新司法試験用の国際取引法の内容は狭く，また，過去の問題も非常に基本的なものである。

本書は，法学教育における国際取引法のコアとなる内容を漏れなくカバーしている。加えて，最近の実務で重要性が増してきている問題や，実際に国際取引に関する法的問題を扱う際に参考になるポイントなども盛り込んでおり，本書一冊で，国際取引法の世界を概観することが可能になっている。

3 国際取引法の学び方

国際取引法は，民法，会社法のような特定の実定法に関する法分野とは異なり，幅広い法分野の問題を含む。また，実定法の検討のみならず，国際取引の実務において生じる問題や対応策も含む，幅広い法分野である。このような特色をもつ国際取引法を学ぶ際の目

序章　国際取引法を学ぶにあたって　　3

標としては，以下の3点が重要である。

① 典型的な国際取引の基本的な仕組みやルールを知ること。

　いくつかの典型的な国際取引について，取引の仕組みの概要を知るとともに，適用されるルールの基本的な内容と論点について理解することが大切である。条文・判例・学説を覚えるというよりも，どんな取引か，どのようなルールが適用になるのか，何が問題となるのかを知り，代表的な論点についてのポイントを押さえておくことである。国際取引に関する細かなルールは国によって違うし，早いスピードで変わっていく。また，答えのない問題，見解が分かれている問題も多い。細かなことを覚えるという発想ではなく，典型的な国際取引について，基本的な仕組みやルールを理解し，どのようなことがなぜ問題となるのか，どのような考え方がありうるのかを学ぶことによって，多様な国際取引に対応できる基礎を身につけることが大切である。

② 総合的，分野横断的な分析ができるようになること。

　国際取引は何か特定の法分野のみに関して発生するわけではなく，一つの取引について複数の法分野に関する法的問題が生じるのが，むしろ通常である。したがって，何か決まった法典，決まった法分野についての知識があれば十分というわけではない。さらには，外国法も問題となる。この点が，国際取引法をとっつきにくくしているかもしれないが，すべての法分野に精通する必要はなく，まずは，関連する問題についての知識を浅くても広く備えることが重要である。国際取引法務の実務では，何が問題となりそうか的確に把握できることが大切である。ある取引にどのような法分野が関係するのかを特定すること自体が難しい場合も少なくない。ここが問題となりそうだということがわかれば，必要な調査を行うことができるが，何が問題かもわからないと，問題を見過ごし，大失敗に至ってしま

うことになりかねない。特定の法分野に限ることなく，いろいろな法分野にまたがって考えることができるのであるから，むしろ，自由で，現実的な学問であると考えて欲しい。

③ さまざまな当事者の立場に立って具体的な問題を検討し，対応策を考えることができるようになること。

　法学部や法科大学院の授業では裁判官や学者といった中立的な立場にある者の視点から問題を考えることが多いが，国際取引の主たるプレーヤーは取引の当事者であり，同じ問題であっても，立場が違えば見方や主張すべきことも異なる。取引の当事者の視点から法的問題を考え，具体的にどうしたらよいかについて考えることができるようになることが大切である。それによって，自分が国際取引の当事者になったような気分を味わい，国際取引法の世界をより実感をもって楽しく学ぶことが可能になる。

4　国際ビジネス法務の世界

　国際取引法を学んだうえで，国際的なビジネス法務の世界で活躍したいと考えている方も多いだろう。そこで，簡単に国際ビジネス法務の世界について触れておきたい。

　ビジネスの多様化，グローバル化，コンプライアンスに関する要請の高まり，リスクの多様化等により，国際取引の現場における法務に対するニーズは年々高まっている。そこでは，抽象的な理論ではなく，ビジネス・経営が直面した事実に基づく具体的なニーズに対する解を提供することが求められる。

　国際取引の現場で生じる具体的な法的問題や紛争の態様，法務セクションの役割などは業界や会社によって多様であり，また，社会環境の変化や技術の進展等により，法的問題の内容も早いスピード

で変化していくが，日本法についてだけ考えていたのでは足りず，複数の法域（jurisdiction）について考えることが必須である。また，国際ビジネスの世界では，依然として米国や英国等の英米法国，そして，EU の国々のプレゼンスは大きく，英米法や EU 法を対象とする必要がある場合も多い。

　法的問題に対するアプローチも多様である。具体的には，①実際に発生しているトラブル，紛争等の具体的な解決を目的とした対処法務，②将来の取引に関して生じうるリスクを回避・減少するために，予防的にあらかじめ対策を練っておくことを目的とした予防法務，③新しい商品，業務等の開発，事業展開の企画等に際して，それらの前提となる法的環境についての調査，考えられる選択についてのリーガル・リスクやコストの洗い出し等を行い，企業にとって最も望ましい選択を行うことを法的観点からサポートする戦略法務，④企業経営が法に遵守して行われ，法令遵守が確実に実行されるような体制を整備する経営法務やコンプライアンス法務があり，頭の働かせ方や注意すべき点も異なる。

　企業の中で活躍するか，企業の外で企業にアドバイスする立場に立つかに関わらず，国際ビジネス法務の世界で活躍するためには，3 で述べたような基本的な知識，総合的・分野横断的な分析力，そして，当事者の立場に立った具体的な検討力が必要になる。加えて，組織やビジネスをよく理解し，組織の内外の関係者と効果的なコミュニケーションができる力も求められる。大変ではあるが，面白く，やりがいがある世界である。本書で国際取引法を学んだ皆さんにも，ぜひそうした世界に関心を持って欲しいと考えている。

6

第1編
国際取引法総論

Introduction

　本編では，まずは第1章において，国際取引に関する法的規律を学ぶ
にあたって必要な基礎的事項について解説するとともに，国際取引におい
てどのような性質の問題が発生するかについて説明する。

　次に第2章において，とくに国際取引に関する私法上のルールとの関
係であらかじめ理解しておく必要がある国際私法に関する基礎知識，すな
わち，「準拠法」とその決定の仕組みに関して解説することとする。

第**1**章
国際取引と法

> 　国際取引の代表例は，いわゆる貿易取引である。貿易取引とは，ある国の企業が外国の企業との間で商品の売買を行うことである。日中の貿易，米国からの輸入，ベトナムへの輸出といった言葉は，国が当事者として国同士で取引を行っているように聞こえるかもしれないが，それは誤解である。貿易取引を行っているのは，多くの場合は私人（主として個々の企業）であり，貿易取引とは，一般的に，企業間の国際的な物品売買契約に基づく取引を指す。
>
> 　国際取引法が規律対象とするのは，主として企業間のあるいは企業と消費者間の国際的な取引をめぐる法的な問題である。本章ではまず，国際取引がどのようなものであり（**第1節**），そこで主体となるのはどのような存在かを確認した後（**第2節**），国際取引にどのような法・ルールが関わってくるのか（**第3節**以下）を概観する。

◉ 第1節　国際取引とは

1　国際取引と国際取引法

■国際取引とは

　ここでいう国際取引とは，主として企業間の，あるいは企業と消費者間の国際的な取引（契約やその他の法律行為）のことである。

8　第1編　国際取引法総論

■国際取引法とは

　国際取引法は，国際取引をめぐる法的な問題を規律対象とするが，明確な定義は実は存在せず，その範囲については議論がある。国際取引は複数の国にまたがる取引のため，日本法だけではなく外国法も関係するし，条約などの国際法が適用される場合もある。また，私法と公法のいずれもが関係しうる。最も広く言えば，異なる国や地域で活動する者の間の取引に関わる法規則は，すべて国際取引法ともいえる。

■国際取引法とその他の法分野

　国際取引に携わるには，国際取引法の全体像を把握することが必要であると同時に，その他の法分野の知識も必要である。国際取引法以外にも，「国際○○法」という語は，国際法（国際公法），国際私法，国際経済法，国際租税法，といったように，多く存在する。これらの法は，国際取引法の内容と重なる部分もあり，これらの法分野が国際取引とどのように関係するか，ということも知っておく必要がある。

2　国際取引の種類

■国際取引の種類

　国際取引といっても，最もイメージしやすい物やサービスの売買だけではなく，さまざまな形態がある。国境を越えた物や人の運送，さまざまな事故に備える保険，技術のライセンス供与，物の輸出入を円滑にするための代理店・販売店の設置などの取引がある（→**第3章**から**第7章**参照）。また，外国で法人を設立したり，外国法人を買収したり，資金の国際的な移動といった活動も，国際取引に含まれる（→**第8章**・**第10章**参照）。

第1章　国際取引と法　　**9**

◉ 第2節　国際取引における主体

■国際取引の当事者

　国際取引の当事者になるのは，まず，個人（自然人）と，会社をはじめとする法人である。今日の社会では，日本在住の個人が外国法人から商品を取り寄せたり，日本の企業が外国在住の個人にサービスを提供したり，といった例もまったく珍しくない。また，国家的プロジェクトや国債に関する取引の場合には，国それ自体や国家機関，公社といった存在が，国際取引の当事者になることもある。

　ところで，取引の当事者が，権利義務の主体となる資格（権利能力）や，単独で有効な取引を行うための能力（行為能力）を持たない場合，取引が無効となったり，その効果が当事者に帰属しなかったりすることがある。外国人，外国法人，あるいは外国それ自体との取引について日本の裁判所で争われることになった場合，それらが自国以外の国で権利享有できるのか，できる場合その範囲はどうなるのか，行為能力の有無がどこの国の法で判断されるのかなど，外国人や外国人法，外国の権利能力や行為能力がどのように判断されるのかが問題となる。

1　自　然　人

■外国人の権利能力

　外国人が当事者となるときに問題となるのは，その者が日本において取引の主体たる能力を有するかである。日本法では，外国人であっても私法上の権利（一般的権利能力）を享有するとされており（民法3条2項），世界的にも今日ではこのような理解が一般的である（たとえば世界大戦時など，かつては外国人には一般的権利能力が認め

られなかったり，厳しく制限されたりするような状況もあった）。

■外（国）人法上の制限

　とはいえ，外国人は自国民と完全に同一に取り扱われるわけではない。一般的に，各国はそれぞれの政策に基づき，自国における外国人の権利享有や活動に対して一定の制限をかけている。ここには，公的権利（たとえば，外国人の参政権や公職への就業，入管関係等）の制限もあれば，私的権利（たとえば，土地や株式の所有等）の制限もある。このような制限をかける法または規定を総称して**外（国）人法**と呼ぶ。

　国際取引においても，外国人は日本で完全に日本人と同様に自由に活動できるわけではなく，外（国）人法上の規制により，一定の権利や財産の取得や活動に法律上の制限が設けられている。たとえば，土地（外国人土地法）や日本籍の船舶・航空機等（船舶法，航空法），外国人は一定の財産の所有に制限がかかる場合がある。また，無線局の開設（電波法）や鉱業（鉱業法）・漁業（外国人漁業規制法）の施業，知的財産権の取得（特許法，著作権法）にも制限がある。その他，外国人による会社の支配を避けるため，一定の分野では，株式の保有に上限が設けられている（航空法，電波法，放送法，NTT法等）。反対に日本人が他国で活動する場合には，その活動国の外（国）人法による規制に服することになる。

■外国人の行為能力

　自然人は，単独で法律行為をなし得る能力（行為能力）を有さなければ，契約の締結など，取引に関する活動をすることができない。年齢による心神の未成熟（成年年齢）や病気・障害による事理弁識能力の不足・欠如がある場合には自然人の行為能力が制限されるが，その条件は各国の実質法で相異なっている。すると，外国人が日本で取引をする場合，どの国の法でその人の行為能力を判断するかが

問題となる。日本では，この問題は，その人の本国法によって解決される（通則法4条1項。なお，通則法および通則法が規律する問題一般については→**第2章**）。本国法とは，簡潔に言えば，その人が国籍を有する国の法である。

■取引保護規定

しかし，仮に本国法上は制限能力者であっても，法律行為がなされた地の法によれば能力者であるときは，その者は能力者とみなされる（通則法4条2項）。たとえば，甲国では成年年齢が21歳であるとして，19歳の甲国人Aは本国法である甲国法によれば未成年である。しかし，Aが日本で契約を締結する場合，日本法上は成年年齢に達しているから，通則法4条2項により，Aは行為能力者とみなされる。この規定は，本国法上制限能力者となる者と取引を行う相手方の保護を企図したものである。当該相手方にとって，外国人と取引をする都度その国籍と年齢を確認し，本国法上成年に達しているかを確認しなければならないとすると，過大な負担となるからである。ただし，この規定の適用は，問題となる法律行為の当時「すべての当事者が法を同じくする地に在った場合」に限定されている。海外在住の者からインターネットを介して注文がされた，といった隔地的取引の場合には，適用されない。

2 法 人

■設立準拠法

法人とは，ある国の法によって法人格を付与された存在である。それぞれの国は，法人の成立要件や，法人の内部関係（組織や機関）がどのようにあるべきかを法律で定めている。一般的に，法人はその成立を認めた法によって存在し始めるから，法人をめぐる諸問題

は基本的にはこの設立準拠法に委ねられる（設立準拠法については，→**第8章第1節1**）。

■設立準拠法の適用範囲

設立準拠法は，法人の設立・消滅に関する問題（設立の有効性，形式的・実質的要件，会社の解散・清算等）や，法人の内部関係に関する問題（法人の機関の構成・権限，法人と社員の関係，社員間の関係等）を規律する。法人の能力に関する問題も基本的にはこの法による。

■取引保護規定の類推適用

たとえば，外国法人を代表する者が誰かという問題も設立準拠法によることになる。しかし，外国法人の設立準拠法所属国を特定し，その国の会社法等の内容を調査した上で，本当にその者が正当に法人を代表できるかを判断することは，その外国法人と取引する内国の相手方にとって負担が重くなる。

このような場合，上述の取引保護規定（通則法4条2項）が類推適用される余地がある。その場合，ある者が実は設立準拠法上は法人を代表する権限を持たないとしても，日本法上はその権限を有する，といったときには，すべての当事者が法を同じくする地にあるという要件を満たす限りにおいて，その者は法人を代表するものとみなされる。

■外国法人と外（国）人法

法人も「人」であるから，**1 自然人**の「**■外（国）人法上の制限**」で挙げられた財産・権利の所有や活動に関する規制は，外国法人にも同様に適用される。また，外国法人の中でも外国会社については，それらと取引を行う相手方の保護という観点から，その日本における監督に関して特別の規定が存在する（この点についての詳細は→**第8章第1節2**）。

第1章 国際取引と法 **13**

3 国

■取引主体としての国

国は，国際取引の枠組みに関するさまざまな法規制を整える立場にあるが，同時に，資源開発などの大規模プロジェクトの場合や，国債に関係する事案の場合には，国が自ら率先して取引の主体となることもしばしばある。日本法上，国（およびその行政区画）は法人として法的主体と認められているが（民法 35 条），主権を有する国を相手方とする取引では，一般の外国法人との取引では生じない裁判権免除などの特殊な問題への留意が必要となる。

■裁判権免除

国際慣習法として，自発的に応訴した場合を除いては，国は他の国の裁判権に服さないとする原則がある（**裁判権免除**〔主権免除，国家免除ともいう〕）。すると，外国が当事者となる国際的な契約について紛争が生じた場合，当該外国以外の国において裁判による解決ができないのではないか，という疑問が生じる。外国国家と取引する者にとっては，法的救済を受けられず泣き寝入りせざるを得なくなるのでは，という重大な関心事である。

■制限免除主義

かつては応訴の場合を除いて，広く裁判権免除が認められていた（絶対免除主義）。しかし，国が取引の主体として経済活動の範囲を広げるにつれて，その取引相手となる私人のリスクの観点から，絶対免除主義に対する批判が高まり，特に 1970 年代以降，商業的行為については裁判権免除を制限する国が増加した（制限免除主義）。2004 年の「国及びその財産の裁判権からの免除に関する国際連合条約」（国連国家免除条約）は，この見解を象徴するものであるが，未発効であり，商業的行為への裁判権免除の適用は各国の立法政策

に任されているといえる。

■日本の立場

　では，日本の立場はどうか。日本は上述の国連国家免除条約にも
署名し，同条約を国内法化した「外国等に対する我が国の民事裁判
権に関する法律」（外国裁判権法）を制定した。外国国家は同法に定
めがある場合を除き（外国裁判権法5条〜16条），日本の裁判権から
免除される（同法4条）（なお，同法施行前の判決であるが，最判平成18
年7月21日民集60巻6号2542頁［百選75事件］も参照）。

第3節　国際取引において生じる法的諸問題

　国際取引には，私法と公法の双方が関係する。私人間の約定であ
る売買契約は，基本的に私法によって規律される。しかし，国内取
引でも国が定めるさまざまな公法上の規制（食品衛生や商品の安全に
関する規制，金融商品やインサイダー取引規制，土地取引規制等）の適用
があるのと同じように，国際取引にも公法上の規制がある。

　国内取引では，私法も公法もその国の法の適用のみを考えればよ
いが，国際取引では，関係する複数の国の法が適用される可能性が
ある上，国家間のルールである国際法（条約）も適用される可能性
がある。以下ではもう少し詳しくこの点を見ていこう。

■国際取引において発生する私法上の問題

　甲国企業のA社が，乙国企業であるB社に対して，自社製品を
販売する場合を考えてみよう。販売に際して，A社とB社が交渉
をして，売買契約を締結することになる。一般的には，強行法規に
反しない限りは当事者が自由に契約内容を定めることができる。

　A社がB社に製品を引き渡せなかったなど契約の履行に問題が
生じた場合や，契約締結後に契約に定めのない事態が生じた場合，

第1章　国際取引と法　　**15**

契約書の文言の解釈が一義的に決まらない場合など，取引に関して当事者間に争いが生じることもある。このようなときには，「法」を基準として交渉することになるか，あるいは，「法」が適用される裁判や仲裁によって紛争は解決されることになる。

このような当事者間の契約に関連して発生した実体法上の問題については，私法（民法や商法など）が適用されて解決されることになるが，どの国の私法が適用されるのであろうか。甲国法，乙国法，あるいは，（たとえば，製品の運送の中継地点である）丙国法であろうか。国際取引では，このように実体法上の問題がいずれの国の法の適用によって解決されるかという準拠法決定の問題が生じる（→**第2章**）。

また，どちらかの当事者が契約の履行や損害賠償を求める場合，どのような紛争解決手段をどこで利用して紛争を解決するのか，という手続法上の問題も起きる（→**第14章・第15章**）。

■**国際取引において発生する国内公法上の問題**

国際取引では，私法以外の法の適用も考慮しなければならない。たとえば，A社が債務不履行を行ったとしてB社がA社に対して損害賠償請求をする場合を考えてみよう。A社の債務不履行の理由は，突如甲国で実施された輸出規制だったとする。この場合，A社とB社の間の関係（損害賠償請求）は，上述の私法が規律する問題である一方，そもそも甲国の輸出規制にもかかわらずA社製品を輸出することができるかという問題は，国の規制という公法上の問題である。

また，乙国でA社製品と同種類の製品の製造・販売業を営む同国企業C社が，不当に安いA社の製品が乙国に輸入されると自社の乙国内での事業活動が脅かされると主張する場合，A社の行為は不当廉売として乙国の競争法により規制される可能性がある。競

16　第1編　国際取引法総論

争法は一般に，その公法的規制の結果として行政上・刑事上の処分を定めているが，競争法違反の行為により被った損害の賠償など私法上の規律も定めている国もある（競争法とは→**第11章第1節1**）。

あるいは，A社が自社製品を売買する相手方が乙国の国営企業D社で，同社が開催する競争入札によりA社がD社との契約を勝ち取ったとしよう。しかし実は，D社に影響力を持つ乙国の担当大臣がA社の社長と懇意にしており，A社社長から賄賂を受け取って不当にA社に落札させたとしよう。この場合，乙国の腐敗防止法に違反することになる可能性があるほか，場合によっては，米国の海外腐敗行為防止法（Foreign Corrupt Practices Act〔FCPA〕）や英国の贈収賄禁止法（Bribery Act）といった外国公務員に対する贈賄の禁止に関する各国法に違反する可能性もある（→**第11章第1節4**）。

■**国際取引において発生する国際公法上の問題**

なお，このような公法上の規制には，国際法上のものもある。たとえば，A社製品が絶滅が危惧される動物に由来する原料（象牙など）を用いる場合には，関係国の国内法のほか，ワシントン条約により輸出入が規制されることがある。また，A社製品を乙国に輸入する際の関税が不当に高いものである場合，甲国から見れば，乙国への輸出を阻害されていることになる。そこで甲国が，乙国の貿易政策が国際的な自由貿易原則に反している，と主張するといった，国家間の問題につながってくる余地がある。この場合には，関税障壁に関するGATT/WTO協定違反として，国際法上の問題が生じる（特に国際経済法上の問題については→**第11章第2節**）。

さらに，A社のビジネスが順調に運び乙国に製造拠点を設けたところ，突然乙国が環境規制の強化や補助金の打切りや製造拠点の収用などをしてきた場合，A社と乙国との間で投資紛争が生じる。

A 社の本国である甲国と投資受入国である乙国との間に外国投資家による投資の保護を目的とした二国間投資協定（BIT）がある場合には，そのような条約に基づく救済が問題となる（→**第 8 章第 4 節・第 11 章第 2 節 2・第 15 章 Column 15-4**）。

◎ 第 4 節　国際取引に関係する私法上のルール

■国際取引と私法

　法を定める権限は国にある（州など，ある国の中の各地域にある場合もある）。国内の取引から生じる法的な問題については，当該国の民法や商法がさまざまな規定を準備している。これに対して，異なる国の間で物・サービス，人や金がやりとりされる国際取引は，複数の国に関わり，異なる法制度が関係してくる点で，問題はより複雑になる。国際取引をするごとに，さまざまな国の法制度をチェックして対応しなければならないのは非効率であり経済的でなく，国際取引に対して及び腰になりかねない。

■統　一　私　法

　そのような各国の私法の相違から生じる問題は，各国の私法を統一すれば解決されることになる。そこで古くから私法を統一する努力がされている。国連国際商取引法委員会（UNCITRAL）や私法統一国際協会（UNIDROIT）による条約の策定やモデル法の提示といった努力もあって，取引分野では統一法の策定が比較的進んでいる部分もある。

　統一法には，各国の私法の内容を統一する世界法型と，各国の私法の相違はそのままにしつつ，国際取引に関しては別個に統一法を形成する万民法型の二つの類型がある。世界法型の場合，国内取引にも国際取引にも同じ統一ルールが適用されることになる。これに

18　第 1 編　国際取引法総論

対して，万民法型では，国内取引については各国が独自の法制度を設けるが，国際取引には国際統一ルールが用いられる。前者の例として手形・小切手法統一条約，後者の例として国際物品売買契約に関する国際連合条約（Convention on Contracts for the International Sale of Goods：CISG〔ウィーン売買条約とも呼ばれる〕→**第3章**），船荷証券に関するある規則の統一のための国際条約（→**第4章第1節2**）が挙げられる。

　もっとも，各国の法制度・法文化の相違や国家間の利害を考えると，法の統一の実現には事実上さまざまな困難があり，統一私法は一部の分野に限定されているのが実情である。

■ **国家法の適用（準拠法の決定）**

　統一私法が存在しない分野や統一私法に規定のない事項については，国家法（国内法）によって問題が解決されなければならない。この場合，統一私法と国家法は補完的関係にあるともいえる。

　各国の法の内容が異なる場合，どの国の法によるかで結論が異なる可能性がある。この状況は「法の抵触」と呼ばれ，このような問題を解決するのが国際私法である。つまり，国際私法はある法的問題に適用されるべき法（「**準拠法**」）を選択するツールといえる（国際私法の仕組みについては→**第2章第1節**）。もっとも，国際私法も国ごとに存在し，その内容が異なりうる点には注意を要する。

■ **当事者の合意で適用される規則等**

　以上に述べた条約や国家法は，立法権を有する存在によって作成されているから，それ自体が法として強制力を持って適用される存在である。国際取引では，これらに加えて，当事者の合意を根拠として適用される規則が存在する。このような規則は，取引の円滑化・効率化の目的で，国際取引に携わる業界団体等によって作成されるものが多い。これらの団体は立法権を持たないから，それらの

第1章　国際取引と法　　**19**

規則は国際取引の当事者を当然に法的に拘束するわけではない。しかし，当事者がそれらの規則の適用を合意することで，その内容が彼らの契約内容として取り込まれ，準拠法上の強行法規に反しない限り，契約という形で彼らを法的に拘束するのであり，実際の国際取引の現場ではきわめて頻繁に用いられる。代表的には，国際商業会議所（International Chamber of Commerce：ICC）が作成した定型取引条件（トレードタームズ）の解釈に関するインコタームズ（**→第3章第4節**4）や信用状に関する統一規則である UCP600（**→第4章第3節**2），国際コンサルティング・エンジニア連盟（FIDIC）等による標準契約約款，IBA 国際仲裁証拠調べ規則（**→第15章**7）等がこれに該当する。

Column 1-1　契約書の重要性

　国際取引においては，契約書の作成はきわめて重要である。権利義務の内容やリスクの分担等を明確にしておく必要があるためである。しかし，当事者が契約条項を毎回ゼロから書き起こすわけではない。とくに物品売買や運送等の頻繁に行われる取引については，企業があらかじめ準備している書式を適宜変更して利用している（🌐1-1：契約書式サンプル）。

Column 1-2　Lex mercatoria

　レックス・メルカトリアは，ラテン語で「商人法」を意味する語であり，古くは中世ヨーロッパの商人たちの間で成立した商慣習法である。インコタームズがレックス・メルカトリアの一例であるといわれることもあるが，どのようなルールがレックス・メルカトリアに含まれるのかについては，議論がある。このように内容があいまいであることから，レックス・メルカトリアという概念を用いることの実務における有用性には疑問が呈されている。

20　第1編　国際取引法総論

◉ 第 5 節　国際取引に関係する公法上のルール

■国際取引と公法

　今日では，国際取引は国際的な取極めによる規制の枠内で展開される。このような国際的なルールに加えて，各国は自国の安全保障・産業・経済政策に基づいて，自国に関する国際取引には，自国法による規制を準備している。そのため，国際取引においては，国際取引に関する国際的な枠組みに加えて，自身が関わる取引に関係する各国の国内規制にも目配りしなければならない。

■国際取引の国際的枠組み

　各国が保護主義に走ったために世界大戦が引き起こされた反省も踏まえ，現代では自由貿易主義に基づく取引の基本的な枠組みが構築されている。代表的には，国際貿易の拡大を通した国際経済の発展を目的として 1947 年に制定された多数国間条約である関税及び貿易に関する一般協定（GATT）である。GATT は自由・無差別原則を掲げ，輸入制限の撤廃や関税率の引下げ，ダンピング規制について定めている。また，この GATT のウルグアイ・ラウンドにおいて設立が合意され，1995 年に発足した世界貿易機関（WTO）は，正規の国際機関として国際取引分野のさまざまな国際問題の調整を担当している（詳細については**→第 11 章第 2 節 1**）。地域的な多国間条約である TPP（環太平洋パートナーシップ協定）や，二国間で締結される自由貿易協定（FTA）や租税条約などもある（**→第 8 章第 4 節 2・第 9 章第 2 節・第 11 章第 2 節 2**）。

■各取引分野における国際的規制

　世界的に共通する関心に基づいて，特定の分野については，国際的な取引について国際法上の取極めが存在する。たとえば，世界の安全保障・平和維持の目的から，核兵器不拡散条約（NPT）は，核

第 1 章　国際取引と法　　**21**

保有国には核兵器の他国への譲渡を禁じ，非保有国には核兵器の製造・取得を禁止している。また，絶滅のおそれのある野生動植物の種の国際取引に関する条約（ワシントン条約）は，国際取引が野生動植物の乱獲や絶滅につながらないよう，輸出国および輸入国に対して動植物の輸出入を規制する義務を課している。このように条約などの国際法による規制がある場合，これに反する取引はできない。

■国内法上の公法的規制

　国際的な枠組みだけではなく，各国は自国の政策的観点から，国際取引に対する規制を設けている。日本では，対外取引の基本法として外国為替及び外国貿易法（**外為法**）が，わが国における輸出入は原則自由としつつも，特定の取引については例外的に規制する（たとえば兵器・軍事品の取引規制や，特定国への輸出規制等。具体的には輸出貿易管理令や輸入貿易管理規則等の政令・省令で定められる）。また，輸出入取引の秩序の確立を目的として定められた輸出入取引法は，輸出取引における公正を維持するため，外国知的財産権を侵害する輸出や原産国虚偽表示の禁止等を定める。その他，関税に関しては関税法や関税定率法が定めるし，植物防疫や食品衛生，大麻取締等の保健衛生関連法や，銃刀法・火薬類取締法といった警察法，文化財保護法等の一般法規の中に，貿易関連の規定が置かれることもある。さらに，日本の独占禁止法は競争秩序に影響を及ぼす私的独占や不当廉売，不当な取引制限（カルテル，入札談合）を禁じるが，この規制は国際的な取引にも及ぶ（競争法に関しては→**第11章第1節**）。

■域外適用

　国内の公法的規制は，原則として，その国の領域内での行為についてのみ適用される（属地的適用）。しかし，グローバル化した現代社会では，ある取引が一国の領域内だけで完結しないこともしばしばあるし，ある国での行為の影響が他の国に及ぶこともある。この

22　第1編　国際取引法総論

状況を踏まえ，一定の場合には，外国で行われた行為に対して自国の公法的法規が適用されることがある。これを**域外適用**と呼ぶ。たとえば，甲国内で輸入品が高い割合を占める商品についての乙国におけるカルテルについて，競争制限行為として甲国の競争法が適用される，といった状況である。アメリカや EU（欧州連合）などは，競争法等について，域外適用を積極的に認める傾向にある（**→第 11 章第 1 節** 2）。

Column 1-3 　有事規制

　テロ活動や国際協定の違反国に対する資金遮断や資産凍結を目的として経済制裁が発動されることがあり，このような場合，各国は対外取引を臨時で規制する。日本の対外取引の基本法である外為法は，平時には自由な対外取引を原則とするが，このような有事には，制裁を受けている国との間の取引等が制限される。また，外国為替市場の急激な変動や国内経済への悪影響のおそれがある場合も，経済有事として，例外的に対外取引に制限がかかる場合がある。1990 年 8 月にイラクのクウェート侵攻に際しての経済制裁措置に伴い発動したイラク・クウェートに対する取引規制が有事規制の初めての例であり，2022 年以降はウクライナ情勢に関連して対ロシアのさまざまな措置が発動されている。

第 1 章　国際取引と法　　23

第**2**章
準 拠 法

取引に関する私法上の規律には，たとえば，契約の有効な成立のために書面（契約書）が必要であるか，相手方に契約違反をされたときにどのような救済を受けられるかといったものがある。法は国によって異なるため，国際的な取引では，いずれの国の規律に服するかが問題となる。これを決定するルールが国際私法である。本章では，日本の国際私法が定める準拠法の決定方法の基礎を学ぶ。

第1節　準拠法決定の基本

■国際私法の役割

　国際的な取引は，複数の国に関わりを持つ。たとえば，日本企業とドイツ企業によるタイに所在する物品の売買契約であれば，この契約は，日本，ドイツ，タイに関わっている。各国の契約ルールは異なっているため，この契約がいずれの国の契約ルールによって規律されるかが問題となる。この問題を決する役割を持つのが，**国際私法**である。国際私法は，複数の国に関わる私法上の法律関係がいずれの国の法によって規律されるのかを決定するものであり，国際私法によって当該法律関係を規律するものとして選ばれた特定の国の法のことを**準拠法**という。

24　第1編　国際取引法総論

なお，問題となっている取引に直接適用される条約が存在する場合には，国内法である国際私法に条約が優先するため，まず条約が適用される。条約が規律しない事項については，国際私法によって決定される準拠法が規律する（→**第1章第4節**，**第3章第2節**参照）。

■日本の国際私法ルール

国際私法は，その性質上，国を超えた国際法として存在することが理想であるが，現実には一部を除いてそのような国際法は成立していない。その結果，国際私法は国ごとに国内法として存在しているというのが実情である。したがって，国際私法も，民法や商法と同様に，国によって内容が異なりうる。日本の国際私法ルールは，**「法の適用に関する通則法」**（通則法）という法律に規定されている。国際取引に関する問題が日本の裁判所で争われる場合，この法律により準拠法が決定される。なお，仲裁手続の場合は異なる（→**第15章9**参照）。

■準拠法決定ルールの構造

準拠法を決定するための通則法の基本的な規定は，「○○は，△△法による」という形式になっている。○○には，「物権」や「不法行為」など，法律関係の国際私法上のカテゴリの名称（＝**単位法律関係**）が入る。△△には，「目的物の所在地」や「加害行為の結果が発生した地」などの場所（＝**連結点**）が単位法律関係に応じて設定されており，そこに具体的な事実をあてはめれば，特定の国の法が準拠法として導き出されるようになっている。

■準拠法の決定方法

準拠法の決定は，以下の手順で行う。まず，国際取引における具体的な問題（たとえば，契約の有効な成立のために書面が必要であるか）が，いずれの単位法律関係に属する問題かを決定する（**法性決定**，法律関係の性質決定）。これにより，通則法のいずれの規定を用いて準

拠法を決定するかが決まる。次に，その規定に設定された連結点が，問題となっている具体的な国際取引においていずれの国にあるのかを確定する（**連結点の確定**）。その国の法が当該単位法律関係の準拠法となり，それに従い最初に設定した問題が解決されることになる。

■公序

ただし，以上のようにして決定された準拠法が示す解決が，最終的な結論とならない場合もある。準拠法は，それが日本法であるか外国法であるかや，その法の内容を問わず決定されるため，外国法が準拠法となることにより，日本の価値観とは異なる結果が導かれることがある。このような場合において，準拠法となった外国法の適用結果が日本の**公序**に反するときは，例外的に，通則法42条によりその結果が修正される。通則法42条における公序は，民法90条の公序良俗よりも狭い概念であり（したがって，公序〔良俗〕違反となるケースは，民法90条の適用場面よりも通則法42条の適用場面の方が少ない），外国法の適用結果が日本法の適用結果と異なるというだけでなく，それが日本の基本的な価値を損なうことになる場合にかぎって，公序違反は認められる。

◉ 第2節　契　約

1　準拠法決定ルールの枠組み

■契約の成立および効力

契約の成立と効力の問題については，通則法7条～9条によって準拠法が決定される（これを一般に**契約準拠法**という）。ただし，行為能力（通則法4条→**第1章第2節1**）と契約の方式（同法10条）の問題は，別の単位法律関係とされ，個別の規定が置かれているため，通

則法7条〜9条の規律範囲からは除外される。契約締結にあたり錯誤や詐欺があった場合に当該契約がどうなるか，契約締結後に当事者がいかなる権利義務を有するか，相手方に契約違反をされたときにどのような救済を受けられるかといった問題が，契約準拠法に従って解決される。

契約準拠法については，契約当事者の合意により，これをいずれの国の法とするかを決定することができる（通則法7条・9条→**2**）。当事者自らが準拠法を選択できることを**当事者自治**といい，契約準拠法についてはこれが原則となっている。当事者による準拠法選択がない場合，契約準拠法は客観的な要素をもとに決定される（同法8条→**3**）。

■契約の方式

契約の方式（＝形式的成立要件）については，通則法10条により準拠法が決定される（→**4**）。契約の方式とは，契約が有効に成立するために必要な外部的形式としての意思表示の表現方法のことであり，契約の有効な成立のために書面が必要であるかといった問題が含まれる。

■消費者契約と労働契約

消費者契約と労働契約については，弱者である消費者と労働者の保護のため，特例が設けられている（消費者契約について，通則法11条→Column 2-3 参照，労働契約について，同法12条→**第13章第2節**参照）。

2 当事者の合意による契約準拠法の選択（通則法7条・9条）

■当事者の合意による準拠法選択の重要性

　当事者による準拠法選択がない場合の契約準拠法の決定方法について，各国の国際私法ルールは一様ではない。したがって，契約に関する問題が当事者間で発生した場合，その問題がいずれの国で解決されるかによって，契約準拠法は異なって決定されうる。また，紛争解決地があらかじめ決められていたとしても，準拠法がケースバイケースで変わりうるような国際私法ルールが定められている場合もあり，その場合には，裁判所等によって判断してもらうまで契約準拠法がはっきりと定まらない。

　そのため，ビジネスにおいては，あらかじめ当事者が契約準拠法について合意しておき，契約の運命について予測可能性を確保しておくことが重要となる。契約準拠法における当事者自治の原則は，日本のみならず，世界的に普遍的な原則となっており，当事者による準拠法選択は，ほとんどすべての国で有効である。

■選択の時点

　契約準拠法は，まず，契約締結時に選択することができる（通則法7条）。契約準拠法を契約締結時に選択せず，後で選択する場合，その選択の時までは通則法8条により決定される準拠法が契約に適用され，それを変更する（同法9条）という建付けになる。契約締結時に選択した準拠法を後の合意により別の国の法に変更することも可能である（同条）。

　ただし，通則法9条に基づく契約準拠法の変更については，第三者の権利を害するかぎりでその変更をその第三者に対抗することができないという制限がある。

28　第1編　国際取引法総論

■**選択可能な法**

　いかなる国の法でも契約準拠法として選択することができる。問題の契約と関係がない国の法であってもよい。米国のように，州ごとに法が存在する場合には，いずれの州法を契約準拠法とするかを選択する必要がある。

■**選択の態様**

　準拠法選択は，書面でなされる必要はなく，明示的にも黙示的にもすることができる。もっとも，書面にしておく方が後で問題となりにくいのは，他の契約条項と同じである。多くの場合，契約書に「本契約の準拠法は，日本法とする。(This Agreement shall be governed by the laws of Japan.)」などとする準拠法条項が規定される。

■**準拠法選択の有効性**

　当事者が選択した法が契約準拠法となるためには，有効な準拠法選択合意が必要である。それでは，準拠法を選択するための合意は，いかなる基準で有効に成立したと判断されるか。これについて明文規定はない。

　従来の多数説は，国際私法独自の基準で，つまり通則法の解釈により導かれる規範により，準拠法選択合意の有効性について判断するとしている（**国際私法独自説**）。具体的な基準としては，詐欺・強迫に基づく場合は取消し可能などとする。

　近時の有力説は，当事者が契約準拠法として選択したとみられる法に従い，準拠法選択合意の有効性を判断するというものである（**準拠法説**）。当事者による米国ニューヨーク州法の準拠法選択が問題となっている場合には，ニューヨーク州法に従いその合意の有効性が判断される。

第 2 章　準 拠 法　　**29**

Column 2-1 分割指定

　ある1つの契約について，この部分はA国法，この部分はB国法というように，複数の国の法を契約準拠法として選択することはできるだろうか。このような準拠法の選択方法は，分割指定と呼ばれる。契約準拠法について当事者自治が認められていることから，分割指定も準拠法選択として有効であると解されている。ただし，どこまで細分化して分割指定が可能であるかは議論がある。

　実務上，分割指定が争われてきたのは，海上保険契約と海上運送契約である。

【海上保険契約】国際海上保険契約における保険証券に，「本保険は，一切の塡補請求に対する責任及びその決済に関して英国の法律及び慣習によることを了解し，かつ，約束する」旨の規定があった。この規定について，当該保険契約に関する問題のうち，「一切の塡補請求に対する責任及びその決済に関して」のみ英国法を準拠法とする（それ以外の部分については準拠法を選択しない）旨の合意であるとして，分割指定が認められた（東京高判平成12年2月9日判時1749号157頁，東京地判平成14年2月26日 LEX/DB 28082189［百選27事件］）。

【海上運送契約】国際海上運送契約の約款に，日本法を準拠法とする旨の規定に加えて，「船荷証券原本の呈示なしに運送品を引き渡すことができる慣習又は慣例のある地域では，運送人は当該慣習又は慣例に従うことができ，その場合，本船荷証券のもとで運送契約を正当に履行したものとみなされる」旨の規定があった。後者の規定について，国際海上運送契約の履行部分にかぎり履行地法を準拠法とする分割指定であるか否かが争われたが，この規定の解釈として，分割指定ではないと判断された（東京地判平成13年5月28日判タ1093号174頁）。

Column 2-2 実質法的指定

　国際取引に関する契約書の準拠法条項として，UNIDROIT 国際商事契約原則（🔖2-1）などのいわゆる非国家法を選択するものや，特定国

の特定時点の法を選択するものを規定することがある。後者は，化石化条項や安定化条項と呼ばれるもので，国家や国有企業との契約においてその国の法を準拠法とすることが要請された場合に，契約締結時点の法を準拠法とすることで，その国が契約締結後に自己に有利な法改正を行っても契約が影響を受けないようにすることを目的とする。このような条項は，当事者の意図したとおりに機能するだろうか。

　日本の国際私法のもとでは一般に，準拠法として選択することができるのは国家法のみであり，また，いつの時点の法によるかを選択することはできないとされている。そうだとすると，非国家法を選択する条項や，化石化条項の時間的な選択の部分は，準拠法選択としては有効ではないことになる。もっとも，その場合でも，これらの条項が完全に無意味であるというわけではなく，**実質法的指定**として意味を持ちうる。実質法的指定とは，準拠法選択の形で指定された法やルールの内容を当事者の合意として契約内容に取り込むことをいう。準拠法選択（**抵触法的指定**ともいう）は，ある国の強行法規をも含む法体系全体を対象とするのに対し，実質法的指定は，国際私法により決定される準拠法の範囲内でその強行法規に反しないかぎりで認められる当事者の合意である。そのため，日本の裁判所で争う場合に，非国家法を選択する条項や化石化条項がどのような範囲で効果を有するかは準拠法次第であり，当事者の意図した契約内容とならない可能性があることに注意が必要である。

3　当事者による準拠法選択がない場合の契約準拠法（通則法8条）

■最密接関係地法の適用

　当事者の合意による準拠法選択がない場合，契約締結当時において契約に最も密接な関係がある地の法（**最密接関係地法**）が契約準拠法となる（通則法8条1項。なお，消費者契約については本条は適用されない）。とはいえ，日本企業とドイツ企業によるタイに所在する物

第2章　準拠法　31

品の売買契約などを考えると，日本，ドイツ，タイのいずれが最密接関係地であるかは，何かしらの指針がなければ一義的に決定するのは困難であり，当事者の予測可能性を害しかねない。そこで，**特徴的給付の理論**がその指針として採用されている。

■特徴的給付の理論による推定

通則法 8 条 2 項は，契約当事者のうち特徴的給付を行う当事者の常居所地法（または事業所所在地法）を最密接関係地法と推定する（なお，不動産を目的物とする契約については同条 3 項，労働契約については 12 条 3 項〔→**第 13 章第 2 節**〕がある）。特徴的給付とは，契約を特徴づける給付のことである。

たとえば，物品売買契約では，売主が物品を譲渡するという給付を，買主が代金を支払うという給付を行う。物品運送契約では，運送人が物品を目的地まで運送するという給付を，荷送人が運送賃を支払うという給付を行う。これらのような契約においては，当事者の一方による金銭給付は共通しており，もう一方による給付こそが，その契約を特徴づけ，売買契約や運送契約たらしめている。したがって，物品売買契約では売主が，物品運送契約では運送人が，特徴的給付を行う当事者である。保険契約は，保険者（保険会社）の役務提供（事故発生時の保険金の支払い）と保険契約者の保険料の支払いからなるため，保険者が特徴的給付を行う当事者である。

■推定が覆される場合

通則法 8 条の目的は，当事者の合意による準拠法選択がない場合に，最密接関係地法を契約準拠法とすることである。通則法 8 条 2 項は，暫定的に，特徴的給付を行う当事者の常居所地法を最密接関係地法とするものであり，それよりも密接な関係がある地（の法）が他にあれば，それこそが**最も**密接な関係がある地（の法）である。その場合，2 項の推定は覆され，真の最密接関係地法が契約準拠法

32 第 1 編 国際取引法総論

となる。

4　契約の方式の準拠法（通則法 10 条）

■選択的連結

　異なる法域に所在する当事者間の契約の方式については，①当該契約の成立について適用すべき法つまり契約準拠法（契約締結後に通則法 9 条による準拠法変更があった場合については，変更前の法），②申込みの通知を発した地の法，③承諾の通知を発した地の法のいずれかが定める方式に適合している場合には有効となる（通則法 10 条 1 項・4 項。ただし，消費者契約について，Column 2-3 参照）。

　このように，いくつかの法のうちいずれかの要件を満たしていればよいとする準拠法の決定方法を，**選択的連結**という。問題に対して必ず 1 つの法が適用されるようになっている契約準拠法とは異なり，契約の方式に関して選択的連結を採用しているのは，方式という点についてはできるかぎり契約を有効に成立させるようにしようという政策的判断からである。

　当事者の一方が日本から売買契約締結のための申込みの通知を発した場合，少なくとも②が日本法となり，日本法は売買契約の成立に特定の方式を要求していないため，この売買契約は無方式でよいことになる。

Column 2-3　消費者契約の準拠法（通則法 11 条）

　消費者契約については，事業者と消費者の間の情報や交渉力格差の観点から，実質法上，消費者を保護するための消費者契約法などのルールが定められているが，国際私法上も消費者保護が図られている。国際私法における消費者保護とは，消費者に最も密接な法である消費者の常居

第 2 章　準 拠 法　　33

所地法が適用されることである。

　まず，消費者契約の準拠法について，通則法7条・9条による当事者の準拠法選択を有効としつつも，それが消費者の常居所地法でない場合には，消費者が自己の常居所地法中の特定の強行規定を適用すべき旨の意思を事業者に対し表示すれば，当該強行規定も適用される（同法11条1項）。同法7条・9条による選択がないときは，消費者契約の準拠法は，同法8条にかかわらず，消費者の常居所地法となる（同法11条2項）。

　消費者契約の方式については，通則法10条の選択的連結を前提に，同法7条・9条により消費者の常居所地法以外の法が準拠法として選択されている場合，消費者がその常居所地法中の特定の強行規定を適用すべき旨の意思を事業者に対し表示すれば，その強行規定の定める事項については，もっぱらその強行規定が適用される（同法11条3項）。消費者契約の準拠法として消費者の常居所地法が選択されている場合，消費者の事業者に対する意思表示により，消費者契約の方式について選択的連結を排除しもっぱら消費者の常居所地法によることができる（同条4項）。消費者契約の準拠法の選択がない場合には，消費者契約の方式は，選択的連結によらず，消費者の常居所地法による（同条5項）。

　ただし，①消費者が事業者の事業所が所在する，消費者の常居所地とは異なる法域に赴いて消費者契約を締結したとき，②消費者が事業者の事業所が所在する，消費者の常居所地とは異なる法域において消費者契約に基づく債務の全部の履行を受けたとき，または受けることとされていたとき（①②の場合における消費者を**能動的消費者**という），③消費者契約の締結当時，事業者が消費者の常居所を知らず，かつ，知らなかったことについて相当の理由があるとき，④消費者契約の締結当時，事業者が，その相手方が消費者でないと誤認し，かつ，誤認したことについて相当の理由があるときは，前述の消費者保護の規定は適用されず，本節**2〜4**で述べたとおりに準拠法が決定される（①②については，消費者がその常居所地において当該事業者から勧誘を受けていたときを除く）（通則法11条6項）。

◉ 第 3 節　不 法 行 為

1　準拠法決定ルールの枠組み

■法 性 決 定

　通則法 17 条は，不法行為によって生ずる債権の成立および効力の準拠法について定めており，特則が置かれている生産物責任（同法 18 条→**第 3 章第 6 節**）および名誉・信用毀損（同法 19 条→Column 2-4 参照）以外の不法行為の問題がこれに含まれる。

■準拠法の決定

　まず，通則法 17 条～19 条のいずれかに従い，準拠法が決定される。次に，同法 17 条～19 条に従い決定された準拠法の属する地と比べて，明らかにより密接な関係がある地が他にある場合には，その地の法が準拠法となる（同法 20 条）。これらの規定にかかわらず，不法行為の当事者は，不法行為の後で，不法行為についての準拠法を合意により選択することができる（同法 21 条）。

　以上により定まった不法行為についての準拠法が外国法である場合，不法行為の成立と効果の点について日本法が累積適用される（同法 22 条）。

2　一般不法行為の準拠法（通則法 17 条）

■原則：結果発生地法

　不法行為の準拠法は，原則として，加害行為の結果が発生した地の法（**結果発生地法**）である（通則法 17 条本文）。結果発生地とは，直接の法益侵害の結果（交通事故による負傷など）が現実に発生した地を指す。その後に発生した派生的・2 次的損害（交通事故による負傷

後の入院・治療費の支出など）は，準拠法決定における「結果」には含まれない。

■例外：加害行為地法

結果発生地における結果の発生が通常予見することのできないものであったときは，不法行為の準拠法は，加害行為が行われた地の法（**加害行為地法**）となる（通則法 17 条ただし書）。加害行為地とは，加害者が侵害結果を発生させる具体的な行動に従事した地を指し，単なる準備行為が行われた地は含まれないと解されている。

予見可能性は，当該不法行為に関する客観的事情に照らし，当該事案の加害者と同一の状況にある一般人の立場からの客観的な基準で判断される。予見可能性の対象は，結果発生地における結果の発生（加害者の行為から結果が発生するとしたらどこで発生するか）であり，結果の発生（加害者の行為から結果が発生するかどうか）ではない。たとえば，A 国企業 α 社の社長が趣味で育てている花を，プライベートでも懇意にしている B 国企業 β 社の社長に誕生日プレゼントとして送ったところ，その花にたまたま科学的に未知の菌が付着しており，それによって β 社社長が発症した場合，B 国における結果の発生は通常予見可能であるといえる。これに対し，その花を運送業者が誤って C 国の γ に配送してしまい，γ が発症した場合には，C 国における結果の発生は通常予見できないといえる。

Column 2-4 　名誉・信用毀損の準拠法（通則法 19 条）

名誉・信用毀損の問題は，被害者の常居所地法（被害者が法人等である場合には，その主たる事業所の所在地法）による。この問題について特則が置かれたのは，通則法 17 条によらなければならないとすると，被侵害法益が無形のものであり，結果発生地の一義的な決定が困難であること，また，結果発生地が予見可能でない場合に，名誉・信用毀損の態様によ

っては，加害行為地の決定が困難となることが考慮されたからである。そして，被害者の常居所が連結点とされた理由としては，準拠法の一義的な決定を可能とすること，被害者保護が図られること，加害者の予見可能性への配慮，一般に最も重大な社会的損害が発生する場所であることがあげられる。

3 明らかにより密接な関係がある地の法の適用（通則法 20 条）

通則法 17 条～19 条に従い決定された準拠法の属する地よりも明らかに密接な関係がある地が他にある場合には，その地の法が準拠法となる（通則法 20 条）。同条にはそのような場合として，①不法行為の当時において当事者が同一法域に常居所を有していたこと，②当事者間の契約に基づく義務に違反して不法行為が行われたことが挙げられている。これらは例示であるため，そのほかにも，同条に従い明らかにより密接な関係地がある地の法が適用されるケースはありうる。

Column 2-5 請求権競合

契約関係にある当事者間で発生した事実が債務不履行にも不法行為にも該当しそうな場合，その事実により損害を被った当事者は，債務不履行に基づく損害賠償と不法行為に基づく損害賠償を，いずれかが認容されればよいと考えて同時に請求することがある（**請求権競合**）。このとき，前者の債務不履行請求については，契約の問題であるため**第 2 節**でみた契約準拠法が，後者の不法行為請求については，不法行為の問題であるため本節でみた不法行為準拠法が，それぞれ適用されるが，それらが異なる国の法である場合，別々の法に基づく債務不履行請求と不法行為

第 2 章 準拠法 **37**

請求の調整などの困難な問題が生じうる。しかし，このような場合には，通則法 20 条により，結果的には契約準拠法と同一の法が不法行為の問題に適用されることになる（**附従的連結**）。これにより，請求権競合の問題を 1 つの国の法により解決することができる。

4　当事者の合意による準拠法選択（通則法 21 条）

　以上の規定にかかわらず，不法行為の当事者は，合意により不法行為についての準拠法を選択することができる（通則法 21 条本文）。これは条文上，事後的にのみ可能とされている。なお，準拠法の変更が第三者の権利を害することとなるときは，その変更をその第三者に対抗することができない（同条ただし書）。

　その他の準拠法選択に関する論点については，**本章第 2 節 2**参照。

5　公序による制限（通則法 22 条）

■日本法の累積適用

　以上により定まった不法行為についての準拠法が外国法である場合，以下の 2 点について日本法が累積適用される（通則法 22 条）。日本法上認められない不法行為請求を認容することは公序に反するとし，これを制限することが同条の趣旨である。

　第 1 に，たとえ準拠法となった外国法上不法行為が成立するとしても，日本法上不法行為が成立しないときは，いかなる不法行為請求も認められない（同条 1 項）。

　第 2 に，準拠法となった外国法上も日本法上も不法行為が成立するとしても，日本法上認められる範囲でしか請求は認められない。

38　第 1 編　国際取引法総論

たとえば，**懲罰的損害賠償**は，米国などに存在する制度で，加害者の行為の悪質性が高い場合に，被害者の損害を塡補するための賠償に加えてその何倍かの賠償を懲罰として加害者から被害者に支払わせる制度である（**→第3章第6節** Column 3-2 も参照）。懲罰的損害賠償は日本法上認められないため，この部分については請求が棄却される。

■通則法 42 条の公序との関係

　通則法 22 条は，準拠法となった外国法により認められる不法行為請求を，日本法で認められる範囲に**狭める**効果のみを持つ。これに対し，たとえば準拠法となった外国法により認められる不法行為に基づく損害賠償が，日本の公序に反するほど少額である場合には，通則法 42 条により，外国法の適用結果が修正され，当該外国法により認められる以上の賠償が認容される可能性がある（**→本章第1節**参照）。

第 2 編
国際売買取引

Introduction

　本編では，日本企業が海外企業との間で売買取引を行う場合の法的規律について取り扱う。

　第 3 章では，企業間での国際物品売買契約のために策定された「国際物品売買契約に関する国際連合条約」につき契約準拠法との関係も含めて解説するとともに，契約書の中で使用されることが多い業界共通の専門用語である「インコタームズ」についても説明する。また，契約違反となった場合の法的効果につき同条約及び契約準拠法上の規律について解説するとともに，物品自体に欠陥があった場合の製造物責任の国際的規律についても説明する。

　また，物品の国際取引のためには国際運送が必須であるとともに，長距離輸送にともない生じうるリスクの回避のために運送保険に入る必要がある。また，買主の支払いについても国際決済が必要となる。このため，第 4 章で，国際運送，国際保険，国際決済の法的規律について説明する。

　さらに，現代においては売買対象が有体物ではなくデジタルコンテンツといった無体物であることも少なくなく，また，有体物であったとしても自国への輸入の際に他者の知的財産権の侵害につながる危険性も勘案する必要がある。このため，知的財産権の国際的規律についても第 5 章で解説する。

　また，国際取引の対象の中には生産設備や大型機械設備を海外企業に提供するようなものがあり，「プラント輸出」と呼ばれている。その規模・複雑性から特殊な考察が必要であり，これについては第 6 章で扱う。

第**3**章
国際物品売買契約

　金銭を対価に有体物を引き渡すことを約する物品売買契約は，国内取引だけでなく国際取引においても一般的で基本的な契約である。どのようにすれば，この契約が成立し（→**第3節**），成立したならば，どんな義務が両当事者に課せられ（→**第4節**），そして義務違反等が生じたとき一方当事者はどんな救済を受けられるのか（→**第5節・第6節**）は，取引に携わる者に必要な基礎知識である。しかし国際取引の場合，これらを規律する法源が，契約準拠法として指定されたいずれかの国の民法・商法，条約，民間団体の作成した約款等，複数存在する。これらの適用関係も把握しておく必要がある（→**第1節・第2節**）。

⦿ 第**1**節　概　要

■ 契約準拠法と CISG

　物品売買契約に国際性があるならば，その契約には国際私法により指定された準拠法が適用されるのが原則である（→**第2章第2節**）。

　ただし，事業者間の国際物品売買契約については，**「国際物品売買契約に関する国際連合条約」**（CISG）（🌐3-1）という万民法型の統一私法条約があり，わが国はこれに加入している。CISG は 97 か国で発効しており，その国々には英国やインドなどを除いた世界中の主要国が含まれる（2024 年 10 月時点→🌐3-2：締約国一覧）。締約

42　第 2 編　国際売買取引

国の裁判所には，CISG の適用要件が充たされれば，その適用の義務がある。そのため，まずこの条約の適用要件を把握し，適用される場面に備え内容を理解しておく必要がある。

■合意に基づくインコタームズの利用

さらに国際物品売買において一般的に利用されるルールとして，（当事者の合意により契約の一部となる）業界団体等が用意している統一規則や標準契約約款がある。物品売買では，特に「国内および国際定型取引条件の使用に関する ICC 規則」（**インコタームズ**〔INCO-TERMS〕）が重要である。インコタームズは，民間団体である国際商業会議所（ICC）により作成された契約条件を定める統一規則である。これは厳密には，「法」ではなく，各国法上認められる**契約自由の原則**に基づき当事者によりその利用が合意された場合にのみ，契約の一部として効力を生じる。

以下では，これらの適用関係を意識しつつ CISG とインコタームズの内容を主に説明する。

◉ 第 2 節　CISG の適用要件と契約準拠法

1　概　要

CISG は，「**国際的**」な「**物品売買契約**」に適用される「**任意法規**」である。そのため，国内契約や役務提供契約に本条約は適用されない（→**2・3**）。しかも本条約が適用されるとしても，当事者はその一部または全部を合意により排除できる。排除された場合や CISG の規律しない事項は，国際私法により決定された契約準拠法による。そして，その準拠法上の強行法規に反しない限りで当事者の合意（インコタームズの利用も含む）の内容に服することになる（→**4**）。

第 3 章　国際物品売買契約　　43

2 「国際性」・「CISG との関連性」の要件

■契約当事者の営業所所在地国の相違

　CISG が契約に適用されるには，まず「営業所が異なる国に所在する当事者間」の売買契約でなければならない（1条(1)本文）。この営業所所在地国の相違は，「契約の締結時」までの事実から明らかになっていなければならない（1条(2)）。そうでないと，当事者は CISG の適用可否を事前に予測できないからである。さらに当事者が複数の営業所を有していた場合には契約や履行と最も密接に関係する営業所が基準とされ，営業所を有しない場合には常居所地が基準となる（10条）。この要件では，事業者自身や法人内部の取締役・従業員の国籍は考慮されない（1条(3)）。

　この要件を充たしたうえで，さらに1条(1)(a)と(b)が定める以下の二つの要件のうち，そのどちらかを充たす必要がある。

■両当事者の営業所が CISG 締約国に所在する場合（1条(1)(a)）

　本条約は，各々の契約当事者が有する営業所の所在地国が，どちらも CISG の締約国である場合に適用される。そのため，たとえば日本に営業所を有する買主と非締約国たる英国に営業所を有する売主とが物品売買契約を締結した場合，1条(1)(a)の要件は充たされないから，それだけでは CISG は適用されない。

■国際私法の準則が締約国法を指定した場合（1条(1)(b)）

　ただし(a)の要件が充たされていなくても，本条約は「国際私法の準則によれば締約国の法の適用が導かれる場合」に適用される。ここでいう「国際私法の準則」とは法廷地国際私法のことであり，日本が法廷地ならば通則法である。そのため，前述した日本買主と英国売主の契約に関する例では，たとえば当事者が日本法を選択するなど（通則法7条），契約準拠法が締約国法たる日本法になる場合

44　第2編　国際売買取引

には，1 条 (1) (b) に基づき原則的に CISG が適用される。

■1 条 (1) (b) に関する留保宣言

　締約国は 1 条 (1) (b) の適用を留保することができる（95 条）。そのため，この留保宣言をした米国，中国，シンガポール等が法廷地となった場合，1 条 (1) (b) に基づく CISG の適用はない。これに対し，留保宣言をしていない日本が法廷地となり，かつ通則法に基づき留保国法が指定された場合の取扱いが問題となる。たとえば，通則法により中国法が指定された場合，中国の留保に日本も拘束され CISG の適用はないとするか（**絶対的留保説**），それとも日本はこの留保をしていないとして CISG の適用はあるとするか（**相対的留保説**）という問題である。わが国には，これに関する公表判例がまだない。この点，ドイツは留保国を 1 条 (1) (b) の「締約国」とみなさないという解釈宣言をしており，絶対的留保説の立場に立っている。非締約国に営業所を有する企業との取引において，CISG の適用を望んでおり，かつ留保国法が準拠法となりうる契約については，この点を留意する必要がある。

3　「物品売買契約」の要件

　さらに，CISG の適用対象となる国際契約は「**物品**」の「**売買契約**」である。このどちらの要件も充たさなければならない。

■「物品」とは

　CISG に「物品」を定義する規定はないが，一般的には，**引渡時に可動性のある有体物**と解されている。たとえば，電気（2 条 (f)），知的財産権・債権・株式・会社持分権等の権利，不動産はこれに含まれない。さらに有価証券・商業証券・通貨，航空機・船舶等も，CISG でいう「物品」ではない（2 条 (d) (e)）。ソフトウェアについ

第 3 章　国際物品売買契約　　**45**

ては見解が分かれており，定説をみない。

■「売買契約」とは

「売買契約」の定義も CISG に存在しない。ただし一般的には，売主に物品の引渡し等（30条），買主には代金支払等（53条）の義務を課すような契約と解される。この契約は事業者間でなされていなければならず，消費者契約は適用対象外である（2条(a)）。また，各国に法規制が多いこと等を理由に，「競り売買」（2条(b)）や「強制執行その他法令に基づく売買」（2条(c)）も適用対象外である。

■売買以外の要素も含む契約

売主自身が物品の生産も供給も行う，いわゆる**製作物供給契約**は，原則的に売買契約とみなされる。ただし物品の注文者がその生産に必要な材料や部品の「実質的」な部分を供給する場合，売買とみなされない（3条(1)）。この場合，受注者は主に加工の役務だけを義務づけられているに過ぎないからである。さらに，役務の提供が義務の「主要な部分」となっている契約，すなわち**役務提供契約**も適用対象外である（3条(2)）。この「主要な部分」の定義が問題となる契約として，売買以外の要素が支配的となりやすいフランチャイズ契約，リース契約，プラント輸出契約が挙げられる。3条の「実質的」および「主要な」という抽象的概念は，経済的価値を基準に個別具体的に契約ごとに判断される（🌐3-3：CISG-AC 意見第4号）。

4　CISG の規律事項と任意法規性

■CISG の規律事項

以上の2と3の要件を充たし CISG が適用されるとしても，その規律事項は限られる。すなわち，本条約は**売買契約の成立，売主・買主の権利義務，救済手段**のみを規律しており，行為能力，公序良

俗，錯誤，詐欺・脅迫等といった契約有効性，消滅時効，利率，物の所有権および人身損害による製造物責任の問題（→**第6節**）を規律していない（4条・5条）。ただし各国内法上，上記類型に含まれると解されているにもかかわらずCISGが規律している事項はあり，留意は必要である。たとえば，原始的不能（68条），代理人の悪意または有過失が本人に帰属するか（79条），書面等の要式が不要であること（11条）等はCISGに規定がある。CISGに規律されない事項は，国際私法（通則法）により決定された準拠法による。

■**CISGの適用排除**

　CISGは**任意法規**であるため，当事者はその適用を合意により**排除**することができる（6条）。**CISGの排除**は，いつでも可能である。たとえば「CISGを除いた日本法に基づき，本契約は解釈，適用される」という条項を契約書に組み入れてもよいし，訴訟になった後にCISGの不適用の合意をしてもよい。これは黙示的になすこともできる。たとえば，当事者が非締約国法の適用を合意した場合には，CISGの**黙示の排除**が認定される可能性がきわめて高い。両当事者が訴訟上CISGでなく，国内法の諸規定に基づき主張立証した場合にCISGの黙示の排除が認定されるべきかについては，見解が分かれている。

■**当事者が合意した契約内容の優先**

　国際的に普及しているインコタームズのような統一規則やその他の標準契約約款が契約書に利用された場合，規律事項が競合する部分についてはCISGの**部分的な排除または変更**があったと解釈される。すなわち，これらの内容がCISGに対し優先される。このため，インコタームズの利用された契約では，とくに引渡しや書類の交付に関する31条以下や，危険移転時点および場所に関する66条以下の適用に際し，まずインコタームズの規律を確認する必要がある。

第3章　国際物品売買契約　　**47**

もちろん，当事者がCISGの規律と異なる条項を独自に作成し契約書に盛り込んだ場合にも，その条項の内容が優先される。

■ 契約準拠法・CISG・インコタームズの関係

以上から適用関係をまとめると以下の通りとなる。CISGの排除合意がなされた場合には，原則的に契約準拠法が適用される。そしてその強行法規に反しない限りで，当該準拠法の契約自由の原則の枠内でインコタームズを含む定型約款等の内容が適用される。排除合意がなされず，CISGとインコタームズの双方が適用・援用される場合には，原則としてインコタームズが優先的に適用され，その次にCISGが適用される。そのうえで，CISGとインコタームズの適用されない部分については契約準拠法が適用される。

Column 3-1　CISGの適用排除と統一的解釈への努力

CISGは，多数の締約国を有するだけでなく，しばしば他の国際的な統一売買規則や国内民商法の参考とされている。この意味でCISGは成功した私法統一条約の一つである。しかし契約実務ではその利用が避けられ，排除合意されることも少なくない。その理由としては，当事者の相当数が，すでに内容に精通しておりかつ蓄積された判例にもアクセスしやすいいずれかの国の法（特に英国法や米国のニューヨーク州法等）の適用を好み，CISGの利用にメリットを感じていないことが挙げられる。

CISGの法的不明確性に対する懸念もよく指摘される。すなわち，CISGには解釈の分かれやすい抽象的文言を含む規定が多く，またそうでない規定でも，社会状況の変化（たとえば，電子商取引の普及）に応じて，新解釈が必要となることはある。このようなとき，原則的にCISGの諸規定は，国家の枠に囚われることなく国際的に統一的に解釈されることが推奨される（7条（1））。ところが，CISGの解釈を統合する専属的な裁判所は存在せず，最終的な解釈・適用は各国裁判所（および仲裁廷）に一任されている。このため，CISGに係る知識不足および他国判

48　第2編　国際売買取引

決の参照・理解の負担の大きさ等により，7条に従わず，法廷地独自の法理念や解釈方法でCISGを適用する裁判例も少なくない。結果として，法廷地によりCISGの内容が相違し，結果の予見可能性に難が生じることになる。しかも条約という性質上，これらの問題を解消するための改正が容易でない。

そこで，外国判例へのアクセスの緩和化を図るべく，ペース大学のCISG Database，バーゼル大学のCISG-online，UNCITRALのCLOUT等のように，CISG判例を集積したデータベースが整備されている。また，2001年には各国の法学者から成る民間団体のCISG Advisory Council（CISG-AC）が成立し，CISGの統一的解釈を援助すべく意見書を作成・公表している。いずれもCISGの解釈に有用なツールである。（各データベースへのリンクおよびCISG-ACの意見書の一覧について→⚙3-4）

◉ 第3節　契約の成立

1　概　要

CISGにおいても，契約は意思表示たる申込みと承諾が合致することで成立する。CISG第2部は，申込みと承諾の定義，各意思表示の到達の意味，契約の成立時期を定める。

2　申　込　み

■申込みの定義

意思表示が，契約成立の引き金となる「**申込み**」とみなされるためには，3要件の充足が必要である（14条）。第一に，申込みは1人または2人以上の特定の者に対してなされなければならない。したがって，メディア媒体やインターネット広告のような不特定多数

の者に対する申入れは，申込みではなく「**申込みの誘引**」と扱われる。第二に，申入れの内容が十分に確定されていなければならない。そのためには，売買対象物，その数量および代金またはそれらの決定方法が明示的または黙示的に定められていればよい。第三に，承諾があれば拘束される旨の申込者の意思が示されている必要がある。

■**申込みの効力発生時点**

申込みの効力発生時点は，それが相手方に**到達**した時である（15条）。到達した時とは，口頭で意思表示が行われた場合にはその行為時，それ以外の場合には，相手方個人か相手方の営業所か郵便送付先に到達した時，これらがなければ相手方の常居所に到達した時である。

■**申込みの取りやめと撤回**

申込みは，申込みの効力発生前に「**取りやめ**」ることができる。すなわち，申込みが到達する時までに，取りやめの意思表示が到達すれば，申込みは効力を生じない（15条 (2)）。

すでに申込みが相手方に到達し申込みの効力が発生した後になると，まだ相手方が承諾を発信していない限りで申込みの「**撤回**」ができる。この「撤回」の意思表示は，相手方の承諾発信前に相手方に到達しなければ効力を生じない（16条 (1)）。ただし相手方の信頼を保護するため，申込みにおいてすでに撤回不可能であると示されていた場合や，相手方が申込みの撤回ができないと合理的に信頼し活動した場合には，撤回は認められない（16条 (2)）。

3　承　諾

■**承諾の定義**

申込みに対して相手方が同意を表明することを**承諾**という。この

承諾により契約は成立する。単なる沈黙は承諾とみなされない（18
条 (1)）。もっとも，沈黙という事実に承諾とみなしうる追加的な
何らかの行為があるとか，沈黙を承諾とみなす確立した慣行の存在
等により，承諾が認定されることはある。たとえば，申込みを受け
た相手方が申込者に明示的な承諾をなすことなく，物品の発送や代
金の支払い等を行った場合には，これらの行為自体が承諾とみなさ
れうる（18 条 (1) または (3)）。

■**承諾の効力発生時点**

　承諾の効力発生時点はその**到達**時とされており（18 条 (2)），この
時点で契約は成立する（23 条）。ただし，承諾期間の定めがある場
合にはその期間内に申込者に承諾が到達しなければならず（18 条
(2) 第 2 文），口頭の申込みに対する承諾の場合には，別段の事情が
ない限り直ちに承諾されなければならない（18 条 (2) 第 3 文）。

■**承諾の取りやめ**

　承諾についても効力発生前に「**取りやめ**」ることができる。取り
やめの意思表示が，承諾が到達する前か同時に申込者に到達すれば，
承諾の効力は生じない（22 条）。それに対し，申込みとは異なり，
承諾到達後の「**撤回**」は，最初の承諾においてその撤回権が留保さ
れていない限り認められない。承諾の効力発生をもって直ちに契約
が成立するからである。そのため，この場合に契約から解放される
には，契約解除を主張する必要がある（**→第 5 節 2 ■契約解除**）。

■**反対申込み**

　申込みの内容に変更を加えた承諾は，申込みの拒絶であり，新た
な**反対申込み**とみなされる（19 条 (1)）。そのため，この反対申込み
に改めて相手方が同一内容の承諾をしないと契約は成立しない。た
だし，内容の変更が「実質的」でない場合，申込者がその相違につ
いて遅滞なく異議を述べなければ承諾とみなされる（19 条 (2)）。

第 3 章　国際物品売買契約　　**51**

実質的な変更とは，代金，支払手段，物品の品質・数量，引渡場所・時期，当事者の責任限度，紛争解決に関する条項の変更である（19条(3)）。これらは例示列挙に過ぎず，以上の変更に該当すると常に反対申込みとみなされるわけでもないが，契約の成立しない可能性は高まるため注意が必要である。

第4節　売主・買主の義務

1　概　要

■規律事項

　契約が成立すると，売主と買主各々はその内容に応じた義務を負う。CISG 第3部は，各当事者の義務（→2・3）や義務違反が生じた場合の救済を定める（→第5節）。これらの義務や危険移転については，インコタームズに一部規律がある（→4）。したがって，当事者がインコタームズを利用した場合，これが優先される。それに対し，物品の契約適合性や義務違反の場合の救済方法等についてはインコタームズに規律がない。したがって，これらについては，なおも CISG の規定が重要である。

■重大な契約違反

　CISG では当事者の一方が義務に違反した場合，過失の有無にかかわらず契約違反となる。ただし，この契約違反が「重大」であるかに応じて，債権者に認められる救済手段に差が生じる。契約解除権や代替品引渡請求権が認められるには，「重大な契約違反」がなければならない（→第5節2）。

　「**重大な契約違反**」は，契約目的を実質的に達成できない不利益が相手方に生じる場合に認定される（25条）。契約違反があっても

52　第2編　国際売買取引

その目的が果たされうるのならば，契約解除等の過度な救済を認めずとも損害賠償や代金減額等の金銭的救済で相手方は十分に保護されるからである。重大な契約違反は，契約内容や物品の性質等の個別的事情からみて相手方が大きな不利益を受けるほど認定されやすい。たとえば，とある物品の引渡しに遅延が生じ，買主の転売先の市場において物品の商品価値が本来の引渡し時よりも極端に低下したような場合，重大な契約違反が認定される可能性がある（重大な契約違反になるかが争われた具体例として→🌐3-5：CISG 判例〔重大な契約違反による契約解除——書類の不適合〕参照）。

　ただし，「契約違反を行った当事者がそのような結果を予見せず，かつ，同様の状況の下において当該当事者と同種の合理的な者がそのような結果を予見しなかったであろう場合」には，重大な契約違反とされない（25 条ただし書）。先ほどの例では，買主の購入目的や転売先が契約締結時に売主に知らされていなかった場合，契約違反が重大と認定されない可能性がある。

2　売主の義務

■物品の引渡し

(a) 引渡場所　　売主は物品を引き渡す義務を負う。物品の引渡場所は，原則として当事者の約定で決まる（31 条柱書）。インコタームズが利用されていれば，それによる。このような約定がない場合，独立の運送人による運送が売買契約に伴っているか否かで，引渡場所が変わる。

　当該運送を伴う場合，①最初の運送人に物品を交付することで引渡義務は果たされる（31 条 (a)）。当該運送を伴わない場合，②物品が特定物でありかつ両当事者が契約締結時にその所在場所を知っ

第 3 章　国際物品売買契約　　53

ていたとき，物品が特定在庫から取り出される不特定物でありかつ両当事者がその在庫の所在場所を知っていたとき，または物品が製造・生産される不特定物でありかつ両当事者が製造・生産場所を知っていたときに，これらの場所で「物品を買主の処分にゆだねる」，すなわち物品を買主が占有できる状態に置くことで，売主の引渡し義務は果たされる（31条（b））。①②のいずれにも該当しない場合には，契約締結時の売主の営業所で，物品を買主が占有できる状態にすればよい（31条（c））。

(b) 引渡時期と付随的義務　　物品の引渡時期は，①契約中に特定の期日が指定されているか決定できる場合にはその期日，②期間が指定されているか決定できる場合には当該期間内のいずれかの時，③それ以外の場合には契約締結後の合理的な期間内である（33条）。

　引渡しに際し，売主は付随的な義務も負う。すなわち，①引き渡した物品が契約対象物であると明確に特定できない場合，買主に対し物品を特定した発送の通知義務，②売主が運送人を手配する義務を負う場合，適切な運送契約を締結する義務，③買主が運送品に保険をかけるのに必要となる情報を要求した場合，その情報の提供義務を負う（32条）。

　売主が，買主の物品受取りに必要となる関係書類（たとえば船荷証券や輸出入許可証等）を交付する義務を負う場合，物品だけでなく，そのような書類も約定された場所・時期・方法で買主に交付する義務を負う（34条）。

　これらの事項もインコタームズに規定されていることがあるため，その利用の際には留意が必要である。

■危険移転

(a) 危険移転の意義　　**危険移転**とは，物品が減失・損傷した場合に，いつの時点までに発生した減失・損傷が売主の義務違反になる

のかという問題である。

　滅失・損傷が危険移転前に発生した場合には売主は修理や代替品の用意をするなどして物品を引き渡す義務を負う。それに対し，これらが危険移転後に発生した場合には，滅失・損傷が売主の作為・不作為に基づいていたのでない限り，買主は代金支払義務を負う（66条）。

(b) **危険移転の時期**　　この**危険移転の時期**は，約定があればそれによる。したがって，この時期につき定めるインコタームズが利用された場合，それによる。

　約定がない場合には，以下の場合ごとに危険移転時は異なる。第一に，運送を伴う契約の場合であって，特定の場所で物品を交付する義務を負うときには当該場所で交付した時点，特定の場所で交付する義務を負わないときには最初の運送人に交付した時点である（67条(1)）。第二に，運送中に売買契約が締結された場合には，契約締結時点である（68条）。第三に，運送を伴わない契約の場合，原則として買主が物品を受け取った時点である。ただし，買主が期限までに受け取らないときには物品が買主に占有できる状態になっており，かつ買主が受け取らないことで契約違反となる時点である（69条）。これらいずれの場合であっても，物品が契約の対象物であると明確に特定される時まで危険は移転しない（67条(2)・69条(3)）。

　CISG では，危険移転時点と売主の引渡しの時点（→■物品の引渡し）とが常に一致するわけではない。売主が物品を買主に占有できる状態に置いた時点で引渡しがあったとされる売買の場合（31条(b)(c)），それだけで危険が買主に移転するとは限らないからである。

第3章　国際物品売買契約　　**55**

■物品の契約適合性

　売主は，契約に適合した物品を引き渡す義務を負う。CISG 35条は，物品の**契約適合性**の基準を定める。

(a) 適合性の基準が契約に定められている場合　　売主は，契約に定められている通りの方法で物品を引き渡す義務を負う。すなわち，契約に定められている数量・品質・種類に適合しており，かつ定められた方法で収納・包装されている物品を引き渡さなければならない（35条(1)）。たとえば，数量が契約に定められている分量よりも不足しているか超過している場合には，原則的に**契約不適合**とされる。そのため，分量超過時には買主は超過分の受領を拒絶できる。ただし受領した場合には，買主は超過分につき代金の追加的な支払い義務を負う（52条(2)）。

　なお売主が契約とはまったく異なる物品を引き渡した場合であっても，売主による引渡義務の不履行ではなく，契約不適合の問題として取り扱われる。たとえば，牛肉を引き渡す契約であったにもかかわらず豚肉が引き渡された場合，35条(1)における物品の契約不適合であるから，買主は不適合の通知を行い，救済を求めなければならない（→**3 ■検査・通知**）。

(b) 適合性の基準が契約に定められていない場合　　数量・品質・種類・収納・梱包の詳細が契約に明示的に定められていない場合，物品は以下の4つの基準を充たさなければならない（35条(2)）。すなわち，①通常の使用目的と適合した物品であること，②売主に予め知らされた特定の使用目的と適合した物品であること，③買主に予め示された見本やひな型と同質の物品であること，④収納・包装が物品に通常適した方法であることである。

(c) 物品の契約適合性の基準時　　物品の契約適合性の判断の基準時点は危険移転時である（→**■危険移転**(b)）。契約不適合が危険移

転時にすでに生じていたならば，不適合がそれより後に発見されたとしても売主の責任となる（36条(1)）。危険移転後に不適合が生じた場合には，それが売主の義務違反に起因していた限りでのみ売主の責任となる（36条(2)）。たとえば，売主が誤った輸送手段を運送人に指示したことで運送中に物品の品質が低下した場合が挙げられる。

■権利適合性

　売主が第三者の権利（所有権等）の対象となっているか第三者が権利を主張している物品を引き渡した場合，売主は義務違反となる（41条）。つまり，売主は，所有権を買主に対し直ちに移転することのできる物品を引き渡す義務がある。また，売主は，契約締結時に両当事者が想定していた転売または使用先の国の知的財産権に基づき第三者が権利を有していない物品を引き渡さなければならない（42条。具体例として→🌐3-6：CISG判例〔契約不適合──知的財産権参照〕）。ただし，売主が当該知的財産権について契約締結時に知らないか知りえなかった場合には，その義務は免除される。さらに，買主が当該知的財産権について第三者の権利や請求を知っていたか知らないことがありえなかった場合や，買主の提供した技術的図面等の指定に売主が従ったことで上記権利や請求が生じた場合にも，売主の責任はない（同条2項。知的財産権については→**第5章**）。

3　買主の義務

■代金の支払

　買主は，ただ支払をするだけではなく，支払を可能とするために契約または法令に従って必要とされる措置をとり手続を遵守する義務を負う（54条）。そのため，約定に基づいて信用状を開設するこ

第3章　国際物品売買契約　　**57**

とや（→**第4章第3節2**），外国為替法等で送金に許認可が必要な場合に必要な手続を行うことも義務づけられる（→**第10章第1節■為替**）。

契約に支払金額やその決定方法が定められていない場合，関連する取引分野において同様の状況の下で売却された同種の物品について，契約締結時に一般的に請求されていた価格を黙示的に適用したものとされる（55条）。

代金の**支払場所**は，当事者の約定がない場合には，原則として売主の営業所である。ただし，物品や書類の交付と引換えに支払うべき場合には，その交付場所が同時に支払場所となる（57条（1））。

支払時期は，当事者の約定がない場合には，物品またはその処分を支配する書類を買主の処分に委ねた時である（58条（1））。ただし，買主は特に約定がない限り，物品検査（後述の38条が定める検査と異なり，簡易な検査にとどまる）の機会を得る時まで代金を支払わなくてよい（58条（3））。

なお，以上の代金の支払いについてインコタームズには規律がない。

■引渡しの受領

買主は，引渡しを受領する義務を負う。買主は，物品を受け取るべく，売主の引渡しを可能とするために合理的に期待できるあらゆる行為を行わなければならない（60条）。

■検査・通知

（a）**検査・通知とその懈怠**　買主は，①「実行可能な限り短い期間内」に物品を検査し（38条（1）），②物品の不適合を発見したか発見すべきであった時から合理的な期間内（または現実の交付を受けた時から2年以内）に，売主に対し不適合についての通知を行わなければならない（39条（1））（検査および通知が問題となった具体例として

→🌐3-7：CISG 判例〔契約不適合──不適合の通知，瑕疵の修補，損害賠償〕参照)。②の期間徒過後，買主は物品不適合の援用ができなくなる。買主にこれらの義務が課されていることで，売主は不適合の問題を早期に解決でき自身が義務違反をしているか否かがわからないという不安定な地位から早急に脱することができる。

　買主が①の検査義務を期間内に行わなかったとしても，それ自体ではとくに制裁はない。ただし，買主が本来一定期間内にすべき①の検査義務を怠り，検査をしていれば物品不適合が明らかになっていたであろう場合には，「売主が物品不適合を発見すべきであった時」から②の通知期間が開始する（🌐3-8：CISG-AC 意見第 2 号)。つまり検査義務の懈怠は，物品不適合の援用ができる期間が短縮または失われうるという意味で買主の不利につながる。

(b) **検査・通知時期**　　①の検査は，個別的な取引に応じて実行可能な期間内に行う必要がある。通常は買主の受取り直後に検査すべきであるが，実際に稼働するまで不適合が判明しないような機械類等の場合には，その稼働時でもよいと解される。運送を伴う売買契約の場合には，物品が仕向地に到達した後に検査をすればよい（38 条 (2))。運送中に物品の仕向地が変更されたような場合には，売主が契約締結時にその可能性を知っていたか知るべきであったときに，新しい仕向地に物品が到達した時点から検査期間が起算される（38 条 (3))（🌐3-8)。

　②の通知時期は，合理的な期間内とされるが，個別的な取引に応じて異なる。通知時期を徒過すると，買主は物品不適合を主張する権利を失う。ただし，物品の不適合を売主が知り，または知らないことがありえなかった場合であり，かつそれを買主に伝えていなかった場合や，買主が必要な通知を行わなかったことについて合理的な理由がある場合には（40 条)，買主は代金減額と損害賠償に限り

請求できる（44条）(→**第5節2■損害賠償・代金減額**)。

4　インコタームズ

■概　要

　国際売買実務では，20世紀前半から，FOBやCIFのように簡潔かつ定型的な表現を用いて，売主・買主の義務や危険移転の時期等の契約内容の重要部分を確定することが行われてきた。これにより，当事者は個別的な交渉と詳細な契約書の作成をする手間を省き，簡易に契約を締結することができる。しかし，上記の表現の解釈が国や地域で異なると，契約の履行に際しトラブルとなりかねない。そこで，ICC は，国際取引慣行上利用されてきた表現内容を取りまとめ，貿易条件として**インコタームズ**を作成した。インコタームズは，貿易実務の変化に対応して，これまで数度改訂されている。各々の版の内容は異なるため，契約においてどの版を利用しているかを明示する必要がある。以下では，最新の2020年版を前提にごく簡単に概説する（インコタームズの抄訳については→🌐3-9：インコタームズ2020)。

■インコタームズの使用方法

　インコタームズの契約条件は，3文字のアルファベットにより表現される。この3文字の中に価格内容と物品引渡し条件の意味が込められている。実際の利用に際しては，FOB Kobe Incoterms® 2020やCIF Singapore Incoterms® 2020というように，3文字の次に船積港（FASとFOBの場合），仕向港（CFRとCIFの場合），引渡地（EXWとFCAの場合），仕向地（その他の場合）が記載され，最後にインコタームズのバージョンが明記される。

■インコタームズの貿易条件の種類

貿易条件はすべてで11あり，大きく2つに分類される。すなわち，どんな単一または複数の運送手段にも用いることのできるEXW・FCA・CPT・CIP・DAP・DPU・DDPと，海上および内陸水路運送のためだけに用いることのできるFAS・FOB・CFR・CIFである。これらのうち日本の貿易実務でよく利用されるのは，海上運送で重要な**FOB，CFR，CIF**である。コンテナ輸送の発展に伴い，これに適する**FCA，CPT，CIP**も重要となっている（→**第4章第1節**）。

さらに，1文字目に応じて4つに分類することもできる。これらは売主の引渡先に応じて異なっている。すなわち，Eグループでは指定された場所（たとえば売主の施設等）で，Fグループでは買主の手配した運送人に，Cグループでは売主が手配した運送人に物品が引き渡される必要がある。Dグループでは売主は物品を仕向地で引き渡されなければならない。インコタームズでは，これらの引渡しの時点において，売主から買主に危険が移転する。保険契約に基づき物品に保険がかけられていた場合，当該物品に滅失等が生じたとき，危険を負担する当事者が保険会社に求償を行うことになる（保険契約について→**第4章第2節**）。

■売主・買主の義務と費用負担

各貿易条件は，引渡地やその方法のほか，運送契約や保険契約を売主と買主のいずれが手配するのかで異なっている。売主がこれらを手配する条件が利用された場合，その費用は買主の支払う売買代金に反映されるのが通常である。条件において売主が義務を負わない部分については，必要に応じて買主が別途手配することになる。

なお引渡し先が運送人か船舶であり，かつ売主が運送契約の締結義務を負わない場合（とくに，FCA，FAS，FOB）には，買主がこれ

第3章　国際物品売買契約　**61**

表 3-1 インコタームズ®2020 における各貿易条件の概略

クラス	貿易条件（挿入すべき仕向場所）	売主の義務	買主の義務
いかなる単一または複数の運送手段にも適した規則	EXW EX Works 工場渡し（指定引渡地）	・指定引渡地で物品を買主の処分に委ねる	・輸入通関 ・輸出通関
	FCA Free Carrier 運送人渡し（指定引渡地）	・輸出通関 ・指定引渡地で物品を運送人に引き渡す	・輸入通関 ・指定引渡地からの運送契約の締結
	CPT Carriage Paid To 輸送費込み（指定仕向地）	・輸出通関 ・指定仕向地までの運送契約 ・物品の運送人への引渡し	・輸入通関
	CIP Carriage and Insurance Paid To 輸送費保険料込み（指定仕向地）	・輸出通関 ・指定仕向地までの運送契約 ・指定仕向地までの保険契約 ・物品の運送人への引渡し	・輸入通関
	DAP Delivered at Place 仕向地持込渡し（指定仕向地）	・輸出通関 ・指定仕向地までの運送契約 ・指定仕向地において荷卸しのできている輸送手段上で買主の処分に委ねる	・輸入通関
	DPU Delivered at Place Unloaded 荷卸込持込渡し（指定仕向地）	・輸出通関 ・指定仕向地までの運送契約 ・指定仕向地において，物品を運送手段から荷卸しして，買主の処分に委ねる	・輸入通関
	DDP Delivered Duty Paid 関税込持込渡し（指定仕向地）	・輸出通関 ・輸入通関 ・指定仕向地までの運送契約 ・指定仕向地において，荷卸しの準備ができている輸送手段上で物品を買主の処分に委ねる	

62　第 2 編　国際売買取引

海上および内陸水路運送のための規則	FAS Free Alongside Ship 船側渡し（指定船積港）	・輸出通関 ・指定船積港で物品を本船の船側に置く	・輸入通関 ・指定船積港からの運送契約の締結
	FOB Free On Board 本船渡し（指定船積港）	・輸出通関 ・指定船積港で物品を本船の船上に置く	・輸入通関 ・指定船積港からの運送契約
	CFR Cost and Freight 運賃込み（指定仕向港）	・輸出通関 ・指定仕向港までの運送契約 ・物品を本船の船上に置く	・輸入通関
	CIF Cost, Insurance and Freight 運賃保険料込み（指定仕向港）	・輸出通関 ・指定仕向港までの運送契約 ・指定仕向港までの保険契約 ・物品を本船の船上に置く	・輸入通関

※なお，売主から買主への危険移転時点は，「売主の義務」の各欄箇条書きの最後に挙げられた引渡し行為が果たされた時点である。

を締結し，運送手段に関する情報を売主に通知しなければならない。さもないと，売主による引渡しに支障が生じかねないからである。また保険契約について，CIP と CIF では，別段の合意がない限り売主が買主のためにこれを締結する義務がある。それ以外の条件では，保険契約の締結はどちら側の義務でもない。ただし必要に応じて，買主または売主自身が，自分の危険の負担に備えるべく保険契約を締結しておくのが通常である。条件の概略については，表3-1 を参照されたい（抄訳については→🌐3-9）。

◎ 第 5 節　契約違反に対する救済・免責

　当事者の合意により成立する契約は，一旦成立すれば，合意した

第 3 章　国際物品売買契約　　63

契約内容の実現のために当事者を拘束する（**契約の拘束力**）。したがって，一方当事者（債務者）が契約内容を実現しないとき（→**1**），他方当事者（債権者）はこの者に対して，契約内容の実現を求めたり，契約違反を理由とする損害賠償や契約解除などのさまざまな救済手段を用いたりすることができる（→**2**）。

　他方で，いくら「合意は守られなければならない」としても，債務不履行をもたらす原因となった事態が当該契約においてまったく想定されておらず，また，されるべきものでもなかった場合にまで債務不履行による損害を債務者に負担させることは正当化できないであろう。このような視点に立てば，債務不履行にあたるけれども，契約内容に照らせば債務者がそれについての責任を負わない，という状況がありうることになる（→**3**）。

1　債務不履行

■債務不履行とは

　契約にもとづく債権関係についていえば，債権者は合意により債務者から一定の利益をえることが期待できる地位にある。**債務不履行**とは，債権者がこの地位を確保できなかったとき（わが国民法415条1項本文に従えば，「債務者がその債務の本旨に従った履行をしないとき又は債務の履行が不能であるとき」）をいう。このような債権者の地位を権利として保障するために，債権者は，法によりさまざまな救済手段を与えられている。

■各国法の相違

　しかし，このような債務不履行の成立やそれに対する債権者の救済手段に関して，各国の契約法の間にはさまざまな違いがある。たとえば，わが国では，「債務者が任意に債務の履行をしないとき」

64　　第2編　国際売買取引

の救済手段（あるいは，契約それ自体の効果）として，債権者に**履行請求権**（履行の強制。民414条1項）が与えられる。また，債務者が不完全な履行をしたときの救済手段として，債権者は履行不完全の追完を請求することができる（**追完請求権**）。これに対し英米法では，契約違反に対する救済は原則的に損害賠償であり，債務を約束された形そのままで履行することを強制する**特定履行**（specific performance）は，むしろその例外に位置づけられる。これは，英米契約法における救済の中心が，当事者に違反をさせないよう強制することではなく，違反のない相手方当事者に違反に対する救済を与えることにあると考えられているからである。

■ **CISG の役割**

CISG には，以上のような各国法の相違にかかわらず，国際取引にふさわしいと考えられるルールを提供する役割が期待される。同条約にはできるだけ契約を存続させようという基本思想があり，履行の強制を例外的な救済手段とはしない（46条(1)）。このような基本思想はまた，売主に広範な**追完権**が認められている点にもみてとることができる。すなわち，売主が契約違反をした場合であっても，売主は自らその契約違反を追完する権利を有するのである（37条・48条）。さらに，CISG では過失責任主義が採用されておらず，当事者は原則としてすべての義務の不履行につき責任を追及されうる。その一方で，それが「自己の支配を越える障害によって生じたこと」を証明した場合は，免責される（79条(1)）。

2　債務不履行に対する救済：CISG の救済手段

■ **概　観**

CISG は，売主の義務の不履行に対して買主が与えられる救済

（45 条以下）と，買主の義務の不履行に対して売主が与えられる救済（61 条以下）について，それぞれ具体的な規定をおく（**表 3-2** 参照）。

　売買契約当事者の義務不履行に対して相手方に与えられる主な救済は，履行請求，損害賠償請求および契約解除である（45 条（1）・61 条（1））。このうち，損害賠償は他の救済手段とともに請求できる（45 条（2）・61 条（2））。以下，買主の救済を中心に概説する。

■履行請求・追完請求

（a）**履 行 請 求**　　買主は，売主に対して契約に従った義務の履行を求めることができる（46 条（1））。これは，履行請求を例外的な救済として位置づける英米法とは異なる扱いである（→**1**）。ただし法廷地の裁判所が現実の履行（物品の引渡し，所有権の移転，書類の交付，代替品の引渡し，修補による追完等）を命じる裁判を予定している場合でなければ，そうした履行を命じる裁判を行う義務を負わない（28 条）。この規定により，履行の請求を例外的な救済として位置づける国々は，自国法に反して現実の履行を命じることを強制されないこととなり，英米法と大陸法との間の妥協が図られている。

（b）**代替品引渡・修補請求**　　また，売主が契約内容に適合しない物品を引き渡した場合（35 条。→**第 4 節 2**），買主は売主に対して代替品の引渡しを請求したり，その不適合を修補により追完するよう請求したりすることもできる。しかしながら，国際取引における物品の運送コストは国内取引の場合に比べて遥かに高くなる傾向があり，物品の不必要な移動を避けることで，契約違反があった場合の処理に伴う当事者の負担をできるだけ小さくする必要がある。こうした観点からは，代替品の引渡しは不適合物品の返還・処分と新しい物品の引渡しという二重の物品移動を伴うため，契約不適合が「重大な契約違反」（→**第 4 節 1**）となる場合にかぎって認められる

66　　第 2 編　国際売買取引

表 3-2 CISG の救済手段

救済手段	売主の義務の不履行に対する買主の救済	買主の義務の不履行に対する売主の救済	備　考
履行請求権とこれに関連する制度	履行請求（46条（1））	履行請求（62条）	
	代替品の引渡請求（46条（2））		重大な契約違反があるとき
	修補による追完請求（46条（3））		
損害賠償	損害賠償（45条（1）（b））	損害賠償（61条（1）（b））	他の救済手段と併用可（45条（2）・61条（2））／損害賠償の額（74条〜77条）／免責（79条）
代金減額	代金減額（50条）		
契約の解除	契約の解除（49条）	契約の解除（64条）	重大な契約違反があるとき，または付加期間内に引渡し／代金支払・引渡しの受領がなされないとき
特別な類型への救済	履行期前の引渡の受領の拒絶（52条（1））	買主が契約に従い物品の形状等を指定しない場合の指定権（65条）	
	数量超過部分の引渡の受領の拒絶（52条（2））		
履行期前	自己の義務の履行の停止（71条）	自己の義務の履行の停止（71条）	
	履行期前の契約解除（72条）	履行期前の契約解除（72条）	重大な契約違反があるとき

（出所）森下哲朗「契約違反に対する救済」法学教室 357 号（2010）44 頁より作成。

（46条（2））。修補請求の場合はこのような負担は生じないが，たとえば買主の方が簡単に修理できる場合などは，売主に損害賠償請求をする方が合理的である。このため修補による追完請求は，すべて

の状況に照らして不合理とならない場合にかぎって認められる（46
条（3））。

■損害賠償・代金減額

（a）**損 害 賠 償**　買主は，売主の義務不履行に対して損害賠償を
請求することができる（45条（1）（b））。売主は，契約締結時に予見
可能であったすべての損失を賠償する（全部賠償の原則。74条第2
文）。これは，売主は契約締結の際に引き受けたリスクとして計算
に入れるべきであったものを賠償すべきとの考え方による。損害賠
償の額は，契約違反により買主が被った損失に等しい額である（74
条第1文）。具体的には，契約違反がなければえるはずであった利益，
契約違反の結果として合理的に支出した追加的費用（たとえば物品
の保存・返送にかかった費用など），代替取引の費用，および契約違反
の結果第三者から請求を受けた場合の金銭的損害（たとえば，契約に
適合しない物品を自己の顧客に転売しており，顧客への損害賠償を余儀な
くされた場合など）等が含まれる。

（b）**損害賠償額の簡便な決定**　契約が解除された場合における
損害賠償の額は，代替取引がなされた場合には契約価格と代替品の
価格との差額（75条），代替取引がなされなかった場合には，契約
価格と解除時の時価（物品の引渡しがなされるべきであった場所におけ
る支配的な価格。買主が物品を受け取った後に契約を解除した場合は，受
け取った時の時価）との差額である（76条）。いずれの場合も，買主
は，売主が契約締結時に予見可能であった「その他の損害」を立証
し，74条のもとで請求することは妨げられない（ただし，買主には
損失を軽減する措置をとる義務がある。77条）。

（c）**代 金 減 額**　契約に適合しない物品（→**第4節2**）を取得し
た場合，買主は代金を減額することもできる（50条）。この場合に
は，引渡し時に契約に適合する物品であれば有したであろう価値に

対する割合に応じて代金が減額されることになる。このような買主の代金減額権は，不適合物品を取得したことで，あたかもその物品が本来の契約目的物であったかのように契約内容（売買代金）が改訂されるとの考え方が，その基礎にある。それゆえ，売主が義務の不履行を追完した場合（37条・48条）や買主が売主の追完を拒絶した場合には，売主の追完権が優先され，買主は代金を減額することはできない（50条ただし書）。

■契約解除

(a) 契約の解除　　CISGにはできるだけ契約を存続させるという基本思想があり（→1），物品がすでに引き渡されている場合はその物品の返還や処分というコストも生じるため，契約解除は最後の手段となる。このため，契約解除は，①売主に「重大な契約違反」がある場合（49条(1)(a)）か，②物品引渡義務の履行のための付加期間を買主が定めているにもかかわらず，売主が引渡しをしない場合（または，売主が付加期間内に引き渡さない旨の意思表示をした場合）にかぎって認められる（**催告解除**。49条(1)(b)）。催告解除が認められるのは，付加期間が経過するまでは遅れた履行も許されるとすることで，本来の契約内容をできるだけ実現しようという考え方に立脚している。なお，契約の存否に関する当事者間の認識の相違を避けるため，契約解除を行う場合は相手方に対する通知を行わなければならない（26条）。

(b) 重大な契約違反　　上記①に関連して，当事者の一方が行った契約違反は，相手方が契約にもとづいて期待することができたものを実質的に奪うような不利益を相手方に生じさせる場合には，重大なものとなる。ただし，契約違反を行った当事者がそのような結果を予見せず，かつ，当該当事者と同種の合理的な者がそのような結果を予見できなかったであろう場合は，このかぎりでない（25条。

→**第 4 節** 1)）。

（c）**売主による追完可能性の考慮**　　解除要件としての「重大な契約違反」の判断にあたり，売主による追完可能性は考慮要素の１つとなる（追完権が肯定されれば，解除権は否定される。CISG-AC 意見第 5 号〔🌐3-10〕参照）。その他「重大な契約違反」があったかどうかが争われた事例として，🌐3-5，🌐3-11：CISG 判例（買主の代金支払義務，履行拒絶，損害賠償の範囲）などがある。

3　契約締結後の事情変更と免責

■**概　説**

（a）**債務不履行と免責**　　契約成立後に，契約締結時に前提とされていた事情に著しい変化が生じた場合，当事者はなお従前の契約に拘束されるのかが問題となる。当事者のコントロールを超えた事情により債務の履行が不可能または困難になったとき，各国の法は当事者を**免責**するための制度をもつ。

（b）**フラストレーションの法理**　　たとえば英国では，当事者は契約上の義務をその合意した通りに履行しなければならず，約束通りに履行しなかった者は，たとえその契約が履行不能であったとしても，契約違反（不履行）の責任を負う。もっとも，英国には**フラストレーション**（契約目的の達成不能）と呼ばれる法理があり，契約締結後，当事者が予見できず，当事者いずれの責めにも帰しえない事態の発生によって当事者が予期した契約目的が達成不能となった場合に，当該契約は消滅する扱いとなっている。ただ，このようなフラストレーションが認められる場面は限定的であるため，実務では，以下にみる不可抗力条項をあらかじめ契約書中に明文で定めておくこともなされている。

70　　第 2 編　国際売買取引

■免責事由としての不可抗力

(a) **不可抗力とは**　売買契約における債務不履行は，合意により実現が保証された結果（たとえば，売主による財産の移転など）が実現しなかったときに生じる。**不可抗力**（force majeure）は，この結果の実現を妨げた事態の生じる危険が契約上は債務者の負担とされていなかった場合に，当該債務者を債務不履行にもとづく履行責任や損害賠償責任から解放するものである。このことは，不可抗力を契約で合意されたリスク分配の枠を超えた障害としてとらえることを意味する。国際契約では，当事者の双方または一方の債務の履行がこのような不可抗力を含む特定の事情により不可能または困難となる場合に，債務者を免責する規定（**不可抗力条項**）として盛り込まれることが多い（不可抗力条項のサンプルについては→🌐1-1 ① 7 条，②6条。また，プラント輸出契約については→**第 6 章第 2 節**）。

(b) **CISG における免責**　CISG に「不可抗力」という文言はみられないが，79 条（1）は，免責を受けるために義務を履行しなかった当事者が証明すべき要件として，①不履行が自己の支配を超える障害により生じたこと（支配不能性），②契約締結時に当該障害を考慮することが合理的に期待できなかったこと（予見不可能性），および③当該障害を克服することが合理的に期待できなかったこと（克服不能性）の 3 つを挙げる。①の具体例としては，戦争や禁輸措置の実施，港湾施設や運河の閉鎖等が考えられる。経済的事情の変化による著しい履行困難（ハードシップ）も「自己の支配を超える障害」に該当する可能性があるが（CISG-AC 意見第 7 号〔🌐3-12：英語版〕3.1 および第 20 号〔🌐3-13〕参照），パンデミック等による場合を除き，経済的事情の変化は②や③の要件を充たさないことが多いであろう。なお，当事者が第三者を使用した場合は，当事者および第三者のいずれもが免責事由を充足しないかぎり，当事者は免

第 3 章　国際物品売買契約　**71**

責されない（79条 (2)）。

■ハードシップ・事情変更の法理

(a) ハードシップとは　　契約締結時に当事者が予期していなかった事情変更による経済的な履行困難（履行コストの増加）や，履行困難ではないものの，当事者の一方が受領する給付の価値が著しく減少して契約の均衡が崩れている状態を指して，**ハードシップ**という（UNIDROIT 国際商事契約原則 2016 第 6. 2. 2 条〔🌐2-1〕参照）。

(b) 事情変更とハードシップ条項　　契約の拘束力は，契約締結当時に前提とされていた事情には変更がないことを条件として認められるものである（**事情変更の法理**）。**ハードシップ条項**は，このような事情変更の法理に対応する条項であり，契約の基礎とされた事情や前提の変化による履行困難が生じた場合や，より広く契約の均衡が崩れた場合に，**契約の再交渉**義務（不利益当事者からの契約内容の改訂の申出に対して相手方が誠実に応じること）を定めたり，時には裁判官または仲裁人に**契約改訂**権限を与えたりすることで，契約内容を調整して契約の均衡を回復させ，契約関係を存続させることを目的とするものである（UNIDROIT 国際商事契約原則 2016 第 6. 2. 3 条〔🌐2-1〕参照）。これは，適用場面において重複する**不可抗力条項**の目的が，債務者の履行義務の免除や損害賠償責任の免責にとどまるのと対照的である。

(c) ハードシップ条項の利用　　国際取引実務では，とりわけエネルギー供給契約やプラント輸出契約のような継続的取引・長期契約につき，それまでの投資を回収する必要もあり，契約再交渉や契約改訂を定めるハードシップ条項が用いられる傾向にある。ただし，統一私法条約や国際的統一規則における不可抗力条項やハードシップ条項の規定は一般的・抽象的なものにとどまるため，特定の取引分野に関し業界団体等が作成した標準契約約款が活用されることが

多い（→第 6 章第 3 節 3）。

◎ 第 6 節　製造物責任

■製造物責任とは

　製造物責任（product liability）とは，製造物の欠陥という「物」の「状態」から生じた損害について，製造業者や輸入業者等が負う賠償責任をいう。このような製造物の欠陥から生じる被害の救済はCISG の規律対象から外れており（5 条。→**第 2 節 4**），実質法上は被害者が加害者（製造業者等）に対して不法行為責任を追及できるという考え方を基礎としつつ，これを不法行為責任の特別の類型と位置づけ，過失責任から切り離すという考え方が定着している。

■各国・地域共同体法における類似点と相違点

　上記傾向の先駆けとなった米国では，1960 年代前半の判例理論が，製品に欠陥があれば製造業者の過失の有無にかかわらず責任を認めるという不法行為法上の**厳格責任**（strict liability）を採用した。また欧州でも，1985 年の製造物責任に関する指令（85/374/EEC〔→🌐3-14：英語版〕）の採択により，製造者に厳格な責任を認める方向で欧州における製造物責任法制の立法化が進展した。この流れを受けて，わが国でも，製造物の欠陥を要件とするが過失を要件とはしない製造物責任法が 1995 年に施行された。したがって，米・欧・日の主要先進国は，それぞれの法制のもと，過失責任から切り離された製造物責任という考え方で一致していることになる。

　以上のように，わが国を含む先進諸国の製造物責任法は全体として一致した方向に進んでいる。しかし，たとえばわが国の製造物責任法上，自然農産物は「製造物」に含まれないが，上記指令では（1999 年の改正によって）含まれるとか，反対に，事業損害（法人の被

第 3 章　国際物品売買契約　　73

った経済的損害）は上記指令では保護の対象とならないが，わが国の製造物責任法では対象となりうるなど，各国・地域共同体の法にはまだざまざまな点で相違がある。

■国際製造物責任

国際的な製造物責任事件で問題となるのは，たとえば日本企業が自ら製造し（OEM〔Original Equipment Manufacturing〕で自社ブランドを付して委託先企業に製造させる場合もある），外国へ輸出・販売していた製品に欠陥があり，当該外国の消費者に損害が発生したような場合である。

上記の例で，被害者が日本で訴えを提起する場合，通則法18条は，「**生産物**」責任（これは未加工の農水産物等を含み，わが国製造物責任法上の「製造物」よりも広い概念とされる）につき，生産物の引渡地法（その地における生産物の引渡しが通常予見できないときは，生産業者等の主たる事業所の所在地法）を準拠法とするが，仮に米国法によるとしても，成立および効力は日本法上の制約を受ける（通則法22条。→ **第2章第3節5**）。

なお，比較法的にみて被害者に有利な製造物責任法制を採用する国の法の適用を求めて（Column 3-2参照），ある国の被害者が自己に有利な法制を有する外国で訴えを提起する**法廷地漁り**（forum shopping）を行い，製造企業が外国で対応を求められる事態も少なくない。

Column 3-2　米国製造物責任法の展開とその背景

製造物責任における不法行為法上の厳格責任の端緒となったのは，1960年代前半の米国における判例理論からである。この被害者救済に主眼をおく画期的な考え方は，その後，1970年代以降の同国におけるアスベスト問題や欠陥車訴訟も重なり，製造物責任訴訟の爆発的増加を

74　　第2編　国際売買取引

もたらした。

米国における製造物責任訴訟の急増の背景はさまざまに分析されているけれども，その原因の1つに，同国では，製造業者が欠陥製品から消費者を保護するために効果的な販売後の対策を怠った場合に**懲罰的損害賠償**の責任を負う可能性があることが挙げられる。これは，多数の犠牲者を出すような製品を販売した製造業者に対して制裁を与えてそのような製品の販売を控えさせ，他者に類似の行為を行わせないようにするために，陪審や裁判官によって課されるものである。とりわけ陪審が懲罰的損害賠償額を決定する場合には，その心証によって賠償額が高額化する傾向があるため，訴訟戦略として陪審制度が利用されることも少なくないとされる。

米国ではさらに，アスベストなど多数の者が損害を被る大規模不法行為の場合に，1名または数名の者が個々の被害者全員のために原告となって民事訴訟を起こす**クラス・アクション**（集合代表訴訟）が認められることもある。製造物責任訴訟との関係では，不法行為法上の厳格責任によって原告側の立証責任が軽減されるため，このようなクラス・アクションの提起が容易になり，高額な損害賠償の支払を期待して訴訟を提起する誘因となっているとの指摘もある。

このように，米国における製造物責任訴訟の急増の原因は必ずしも1つではない。上記以外にも，弁護士の成功報酬制や訴訟費用が安価であること，さらには米国の社会保障システムが諸国に比べて網羅的でないことなども背景にあるとされる。

米国における製造物責任訴訟の急増や懲罰的損害賠償額の高額化は，被害者の救済に資する面もあるが，反面，被告となった企業の事業撤退や倒産，保険料の高騰や保険の引受拒絶という負の側面をもたらしたことも見逃してはならない（これらは「**製造物責任危機**」，または「保険危機」とも呼ばれる）。このため米国では，判例理論としての不法行為法上の**厳格責任**を緩和・修正し，製品の欠陥の類型に応じて製造業者の責任を限定するなどの軌道修正を図っている（アメリカ法律協会が1998年に公表した不法行為法第3次リステイトメント2条参照）ほか，懲罰的損害賠償制度

第3章　国際物品売買契約　　**75**

の見直しも行われている。

Column 3-3 EU 法の「規則（Regulation）」と「指令（Directive）」

　とくに欧州に向けて企業活動を展開するとき，規則（Regulation）や指令（Directive）といったルールに出会うことがある。これらは EU 法の一種である。

　規則は，EU 構成国の国内法に優先して直接的に適用される。そのため，規則に定められる事項にはどの構成国でも同じルールが適用される。これに対し，指令は構成国に対して国内法の整備（既存の法の改正や新法の制定）を求めるものである。国内法の整備については構成国には一定の裁量権が与えられているため，同一の事項について構成国の間で法律の内容が異なる，という事態も生じる。

第**4**章
国際運送・保険・決済

　　国際物品売買取引において物品を受け渡す際には，その当事者のいずれかによって物品の運送が運送業者に委託される。運送中に物品にトラブルが発生した場合に備えて，そのリスクを負担する当事者が保険をかける（以上について，**→第3章第4節**も参照）。代金の支払いは銀行を介して行われるのが通例であるが，さまざまな方法がある。本章では，このように国際物品売買取引の実行に付随して重要となる運送・保険・決済について学ぶ。

◎ 第1節　運　送

1　運送手段の種類とその選択

■運送手段の種類

　　物品運送の手段には，船舶による**海上運送**，航空機による**航空運送**，自動車や鉄道による**陸上運送**がある。これらのうちの複数の手段を組み合わせたものを**複合運送**と呼ぶ。

　　海上運送を行う船舶は，貨物のサイズ・重量が規格化されたコンテナ船が主流である。コンテナ船では電源が使用でき，貨物の温度管理が可能である。ほかに，タンカー（石油），LNG 船（液化天然ガ

第4章　国際運送・保険・決済　　**77**

ス),自動車専用船(自動車),ドライバルク船(鉄鉱石等)といった貨物の種類に応じた船舶や,クレーンを備え大型貨物を積み込むことができる船舶,RORO 船というトラックやトレーラーが自走して貨物を積み込むことができる船舶もある。航空運送でも,航空機の形状に合った航空コンテナが用いられる。また,航空機には長尺の貨物や重量物(約 100 トン)を積載できるものもある。鉄道による運送はコンテナが中心となる。コンテナは自動車での運送との連携も可能である。

コンテナ輸送

(筆者撮影:🌐4-1 も参照)

■ **運送手段の選択**

島国である日本からまたは日本への物品運送においては,海上または航空運送が必須となる。

運送にかかる日数は,(短)航空運送＜陸上運送＜海上運送(長)となる。欧州や米国に 10 数時間＋諸手続の時間で届けられる航空運送に対し,海上運送では 2 週間から 1 か月以上を要することもある。

反対に,運送賃は,(安)海上運送＜陸上運送＜航空運送(高)となる。ただし,海上運送においては,運送賃以外の費用(梱包費用や諸手続の費用等)がかさむことに加え,運送期間や水濡れ等の危

険から，保険料が高くなることに留意しなければならない。

　複合運送では，どこで運送手段を切り替えるかも問題となる。た
とえば，日本から米国・シカゴまでのコンテナ運送の場合，シアト
ル・タコマ等の西海岸の港まで海上運送により，港からシカゴまで
は大陸横断鉄道運送を用いることが多い。東海岸のニューヨーク港
を利用するより早く到着する上，パナマ運河（通航できる船舶の大き
さに制限があり，高額の通航料がかかる）を通過する必要がない。

2　海上運送

■国際海上物品運送を規律するルールの成り立ち

　海上運送はリスクの大きな運送手段である。運送人は，航海には
避けることのできない危険が伴うことから，運送契約の条件として
自らの免責を定め（→その分のリスクは荷主が負うことになる），その
範囲を拡大していった。そのような契約条件は通例，大量の運送を
引き受けることになる運送人が作成した約款によって決定される。
しかし，運送人が約款の内容を自由にできることで当事者間の不公
平が生じ，運送契約の内容に対する強行的な規制が必要とされるよ
うになった。また，こうした海上運送は国際的な運送となるため，
そのような規制については国際的な統一が要請され，条約として規
律されてきた。

■日本が加盟する条約

　日本は，1924 年の「船荷証券に関するある規則の統一のための
国際条約」（ヘーグ・ルール）および 1979 年のヘーグ・ルール改正議
定書（ヘーグ・ヴィスビー・ルール）を批准し（🌐4-2：締約国一覧），
その内容を国内法化する**国際海上物品運送法**を制定・改正した。条
約の直接適用はなく，国際海上物品運送法が次項の条件に該当する

第 4 章　国際運送・保険・決済　　79

かぎりで適用される。

　これらの内容は，①運送人が損害賠償責任を負わなければならない場合を強行的に定めて特約を禁止するとともに，②運送人の損害賠償責任の限度を定めることを主軸とする（なお，3で述べる航空運送に関する条約も同様である）。

Column 4-1　ハンブルク・ルールとロッテルダム・ルール

　ヘーグ・ルールおよびヘーグ・ヴィスビー・ルールは先進国を中心に作成されたため，運送人を擁する海運国に有利であると，荷主側となる開発途上国から批判された。そこで，1978 年に採択されたのが「海上物品運送に関する国際連合条約」（ハンブルク・ルール）（🔗4-3：締約国一覧）である。ハンブルク・ルールでは，航海上の過失による免責を否定したり，損害賠償限度額を増額したりするなど，比較的運送人の責任が重くなっている。さらに，2008 年には，法の再統一を目指して「全部又は一部が海上運送による国際物品運送契約に関する国際連合条約」（ロッテルダム・ルール）（🔗4-4：締約国一覧）が採択された（未発効）。ロッテルダム・ルールは，これまでのルールと同様に当事者間の利益調整を試みるとともに，複合運送や電子船荷証券に関する規定も備えている。

■国際海上物品運送法の適用範囲

　国際海上物品運送法は，問題となっている運送契約の準拠法が日本法となり（→**第 2 章第 2 節**），かつ，船舶による物品運送で船積港または陸揚港が本邦外にあるものである場合に適用される（1 条前段）。海上物品運送契約には，航海傭船契約（船舶の全部または一部を貸し切り，そこに積載された物品を運送する契約）と個品運送契約（個々の特定の物品を運送する契約）があるが，本法はいずれも対象とする（ただし，前者に対しては，後述する特約禁止が原則として及ばない）。

　なお，同法において運送人の責任を減じるいくつかの規定は，運

80　第 2 編　国際売買取引

送人が不法行為責任を追及される場合に準用される（16条1項）。

■運送人が損害賠償責任を負う場合①

　第1に，運送人は，自己またはその使用する者が運送品の受取，船積，積付，運送，保管，荷揚および引渡につき注意を怠ったことにより生じた運送品の滅失，損傷または延着について，損害賠償責任を負う（3条1項）。運送人は，無過失を証明しなければ，損害賠償責任を免れることができず（4条1項），無過失の証明責任が運送人に課されている。

■運送人の免責

　ただし，船長，海員，水先人その他運送人の使用する者の航行もしくは船舶の取扱に関する行為（航海上の過失）または船舶における火災（運送人の故意または過失に基づくものを除く）により生じた損害については，運送人は損害賠償責任を免れる（3条2項）。

　また，運送人は，無過失を証明できない場合であっても，4条2項各号に定める不可抗力等の事実の発生および運送品に関する損害がその事実により通常生ずべきものであることを証明したときは（「その事実によって普通このような損害が生じる」ことの証明にとどまり，「その事実から当該損害が生じた」という因果関係の証明は要求されない），荷送人等により運送人の過失が証明されないかぎり，損害賠償責任を免れる（4条2項）。

■運送人が損害賠償責任を負う場合②

　第2に，運送人は，発航の当時，堪航能力（安全に航海し，運送品を目的地まで適切に運送することができる状態）を欠いたことにより生じた運送品の滅失，損傷または延着について，損害賠償責任を負う（5条本文）。具体的には，①船舶を航海に堪える状態に置くこと，②船員の乗組み，船舶の艤装および需品の補給を適切に行うこと，③船倉，冷蔵室その他運送品を積み込む場所を運送品の受入れ，運

送および保存に適する状態に置くことが要求される（同条各号）。この場合も，運送人は，無過失を証明しなければ損害賠償責任を免れることができない（同条ただし書）。

■**基準となる損害賠償額**

　運送人が損害賠償責任を負う場合，その賠償額は，荷揚げされるべき地および時における運送品の市場価格（取引所の相場がある物品については，その相場。市場価格がないときは，その地および時における同種類で同一の品質の物品の正常な価格）によって算定される（8条1項）。このように損害賠償額が定型化されている理由は，損害賠償の範囲と額を明確にすることで，大量の物品運送にあたる運送人を保護するとともに，賠償額に関する紛争を防止するためである。

■**損害賠償責任の限度**

　もっとも，運送人の損害賠償責任には限度が定められており，その額が市場価格によって算定された損害賠償額を下回る場合には，当該限度額が損害賠償額となる。限度額は，①滅失，損傷または延着に係る運送品の包または単位の数×666.67SDR または②滅失，損傷または延着に係る運送品の総重量（kg）×2SDR のいずれか多い方の金額である（9条1項）。国際通貨基金（IMF）の定める**特別引出権（SDR）**は，米ドル，ユーロ，中国人民元，日本円，英ポンドによって価値が決定される国際準備資産である。1SDR の価値は原則として毎日算定されているため，1SDR が何円になるのかについては，IMF による算定表（🔍4-5）を参照されたい。

　なお，運送品の種類および価額が通告され，かつ，（船荷証券が交付されるときは）船荷証券に記載されている場合には，この限度は適用されない（9条5項）。しかし，その場合には，従価制運送賃でより高い運送賃を支払わなければならなくなるため，実務上，荷送人は，運送品の価額を通告せず従量制運送賃を支払い，リスクには

82　第2編　国際売買取引

保険で対応することが多い。

■損害賠償の額および責任の限度の特例

運送品に関する損害が，運送人の故意により，または損害の発生のおそれがあることを認識しながらした運送人の無謀な行為により生じたものであるときは，8条および9条1項～4項までの規定は適用されず，運送人は一切の損害を賠償しなければならない（10条）。

■特約の禁止

以上の運送人の責任に関する規定は，すべて**片面的強行規定**である。したがって，それらに反する特約で荷送人等にとって不利益なものは無効となる（ただし，11条3項〔運送品の船積み前または荷揚げ後の事実により生じた損害〕，12条〔傭船契約〕等に定める場合は除く）一方，運送人に不利益な特約をすることは妨げられない（11条1項・2項）。

■商法の規定の適用

国際海上物品運送法が適用される運送には，**商法**の物品運送・海上物品運送に関する規定も一部を除き適用されるため（15条），関係するルールが国際海上物品運送法の規定に尽きるわけではないことに注意が必要である。

3　航空運送

■国際航空運送を規律するルール

日本は，1929年の「国際航空運送についてのある規則の統一に関する条約」（ワルソー条約）および1999年の「国際航空運送についてのある規則の統一に関する条約」（モントリオール条約）（4-6）を批准している。両条約の適用範囲が重なる場合には，後法であるモ

ントリオール条約が適用される。国際航空運送に関する条約は，国際海上運送に関するものと異なり，物品運送だけでなく旅客運送にも適用されるが，本書では物品運送に関するルールのみを取り上げる。

■モントリオール条約の適用範囲

　モントリオール条約は，航空機による貨物の国際運送で，有償で行われるものまたは航空運送企業により無償で行われるものに適用される（1条1項）。同条約にいう国際運送とは，当事者間の約定により，運送の中断または積替えがあるかないかを問わず，出発地および到達地が，2の締約国の領域内にある運送または1の締約国の領域内にあり，かつ，予定寄航地が他の国（この条約の締約国であるかないかを問わない）の領域内にある運送である（同条2項前段）。モントリオール条約の締約国は，2024年10月時点で，日本を含む139か国＋EUである（🌐4-7：締約国一覧）。

Column 4-2　ワルソー条約

　1929年のワルソー条約は，運送人の責任について過失推定主義を定め，旅客1人あたり125,000金フラン，手荷物および貨物1キログラムあたり250金フランの限度額を定めていた。旅客に対する責任限度額は，1955年のヘーグ改正議定書によって250,000金フランに引き上げられた（その後，さらに複数の改正条約・議定書が成立している）。ワルソー条約の改正議定書・条約への加盟は各国にゆだねられているため，さまざまなバージョンのワルソー条約が併存することとなった。

　ところで，ワルソー条約・ヘーグ改正議定書による旅客に対する責任限度額が低すぎたことから，米国がワルソー条約の脱退を通告する事態となった。そこで，国際航空運送協会（IATA）が，旅客に対する責任を無過失責任，限度額75,000ドルとするモントリオール航空企業間協定

84　第2編　国際売買取引

を 1966 年に採択し，世界の主要航空会社が運送約款に採用した。

　以上の状況下で，ワルソー条約とその改正議定書・条約を統合し，運送人の責任をそれらよりも加重するためにモントリオール条約が作成されるに至った。

■運送人が損害賠償責任を負う場合

　第 1 に，貨物の破壊，滅失またはき損の場合における損害については，18 条 2 項(a)～(d)に定める貨物固有の欠陥等の限られた原因によるもののみが免責され，その他の場合には，運送人は過失の有無にかかわらず損害賠償責任を負う（18 条 1 項）。

　第 2 に，貨物の延着から生じた損害についても，運送人は損害賠償責任を負うが，運送人が，運送人ならびにその使用人および代理人が損害を防止するために合理的に要求されるすべての措置をとったことまたはそのような措置をとることが不可能であったことを証明する場合には，損害賠償責任を免れる（19 条）。貨物の延着の場合には，運送人が危険を承知の上で無理な運航を行う懸念から，18 条のような，過失がなくても責任を負わせる制度は採用されていない。

　なお，荷送人等の過失または不当な作為・不作為により損害が生じた場合には，運送人はこれを証明することで，その範囲において損害賠償責任を免れることができる（20 条）。

■損害賠償の額および責任の限度

　国際海上物品運送法と異なり，モントリオール条約では損害賠償額は定型化されておらず，損害賠償を請求する者が立証する必要がある。

　貨物に関する損害賠償責任の限度は，重量（kg）×22SDR（IMF

の定める特別引出権）とされる（22条3項第1文）。責任の限度は5年
ごとに見直すこととされている（24条）。荷送人が貨物の価額を申
告し，かつ，必要とされる追加の料金を支払った場合は，責任の限
度は適用されないが（22条3項第2文），実務上この処理がされるこ
とは稀である。また，責任の限度は，損害が運送人の故意により生
じた場合であっても適用される（22条5項の反対解釈）。

■特約の禁止

　運送人の責任を免除またはこの条約に規定する責任の限度より
低い額の責任の限度を定める特約は，無効となる（26条）。他方，
運送人は，運送契約において，この条約に規定する責任の限度より
高い額の責任の限度を適用することまたはいかなる責任の限度も適
用しないことを定めることができる（25条）。

4　複 合 運 送

■国際複合運送に関する条約の不存在

　物品の国際的な複合運送を単一の運送人が引き受ける場合，それ
はどのような規律に服するか。1980年に「国際物品複合運送に関
する国際連合条約」が採択されたが発効しておらず，現状，国際物
品複合運送に適用される条約は存在しない。そのため，国際物品複
合運送契約の準拠法である国内法の規律と，個々の運送手段に関す
る条約の規律をみる必要がある。

■日本法上の規律

　国際複合運送契約の準拠法が日本法となる場合（→**第2章第2節**），
商法に複合運送に関する規定が置かれている。すなわち，複合運送
における運送人の損害賠償の責任は，それぞれの運送においてその
運送品の滅失等の原因が生じた場合に当該運送ごとに適用されるこ

ととなる日本の法令または日本が締結した条約の規定に従う（商法
578条1項）。これは，運送手段ごとの責任ルールを当該運送手段に
よる運送区間ごとに運送人の責任に適用する，「**ネットワーク・シス
テム**」と呼ばれる規律方法である（これに対し，複合運送全体に対して
統一の責任ルールを適用するという規律方法は，「ユニフォーム・システ
ム」と呼ばれる）。

　したがって，日本法が準拠法となる国際複合物品運送の一部をな
す①海上運送については，国際海上物品運送法の適用範囲に含まれ
るかぎりで同法が，②航空運送については，モントリオール条約の
適用範囲に含まれるかぎりで同条約が，③陸上運送については商法
が適用され，それぞれ運送人の責任を決定する。

■標準運送約款

　以上の規律の強行規定以外の部分については，当然，当事者間の
合意が優先する。国際複合運送実務では，各種団体によって作成さ
れた標準運送約款が利用されている。たとえば，国連貿易開発会議
（UNCTAD）と国際商業会議所（ICC）による1991年の「複合運送
書類に関する規則」が複合運送証券の約款として取り入れられたり，
日本では，国際フレイトフォワーダーズ協会（JIFFA）の「国際複
合一貫輸送約款」が使用されたりしている。

5　運 送 書 類

■運 送 書 類

　運送書類とは，主として運送人が荷送人に対して発行する書類で
あり，海上運送に用いられる船荷証券と海上運送状，航空運送に用
いられる航空運送状がある。それらの性質・機能は，船荷証券と，
海上運送状・航空運送状とで異なる。

第4章　国際運送・保険・決済　　87

■船 積 書 類

　運送書類と似た用語として，**船積書類**がある。船積書類とは，決済および通関に使用される書類で，運送書類，商業送り状（Commercial Invoice），保険証券，各種証明書などが含まれる（具体的に何が船積書類に含まれるかは契約ごとに異なる）。

■船 荷 証 券

　船荷証券（B/L：Bill of Lading）（🌐4-8：サンプル）とは，運送品の引渡請求権を表章する有価証券（有価証券とは一般に，財産的価値のある私権を表彰する証券であって，権利の移転および行使に証券を要するものをいう）であり，この点が海上運送状・航空運送状と大きく異なる。船荷証券の表面には，運送品の種類・重量・数，外部から認められる運送品の状態，荷送人・荷受人・運送人の氏名・名称，船積港・陸揚港等が記載される（商法758条1項各号）。裏面には，運送人の定める約款が掲載されており，準拠法条項や紛争解決条項も規定される。

■船荷証券の利用方法

　運送品を引き受けた運送人が船荷証券を発行し，売主がこれを受け取り，運送品の運送中に航空便で買主に送付し，買主がこれを陸揚港で運送人に呈示して運送品を受け取るというのが，船荷証券の基本的な利用方法である。

　船荷証券の特徴は，運送中の運送品に代えて船荷証券をやりとりすることで，運送品の安全な転売を可能とすることである。買主が運送品を受け取る前に船荷証券を第三者に転売・譲渡すれば，当該第三者は運送品の所有権と運送人に対する運送品引渡請求権を取得し，陸揚港に到着した運送品を受け取ることができる。これを支えるのが，以下の船荷証券の性質である。

88　第2編　国際売買取引

■船荷証券の性質

　まず，船荷証券が交付されると，運送品に関する処分は，船荷証券の引渡しによってなされなければならなくなる（処分証券性。商法761条）。

　船荷証券が表章する運送品の引渡請求権については，その船荷証券の所持人が権利者となる。ただし，指図式・記名式の場合には，権利者を変更するのに裏書も必要となる（表4-1，図4-2参照）。このように記名式であっても原則として指図式と同じ方法で譲渡できるのであるが（指図証券性），裏書禁止文言（"Non-negotiable"）により裏書が禁止される場合はこのかぎりでない（商法762条）。

　このようにして権利者となる者に船荷証券が引き渡された場合，運送品について行使する権利の取得に関しては，運送品自体の引渡しがあったのと同一の効力を有する（船荷証券の物権的効力。商法763条）。

　陸揚港における最終的な運送品の引渡しは，船荷証券と引き換えに行われる（受戻証券性。商法764条）。船荷証券がなければ運送品を引き取ることができず（ただし，保証渡という方法がある），船荷証券を紛失した場合には，公示催告手続による除権決定が必要となる。

表4-1　船荷証券における荷受人欄の記載と譲渡の方法

	持参人式	指図式	記名式
荷受人欄の記載	"bearer"，"holder"「荷受人は証券所持人」	"to the order (of Y（荷送人名））"「荷受人は（Yが）指図する者」	"X（荷受人名）"「荷受人はX」
譲渡の方法	交付	裏書＋交付	裏書＋交付。ただし，裏書禁止文言がある場合を除く。

第4章　国際運送・保険・決済　89

図4-2 船荷証券への裏書のイメージ

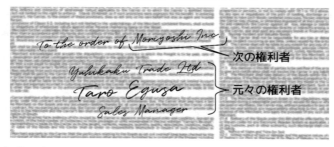

■船荷証券のメリット・デメリット

　以上の性質により，運送中に運送品に代えて船荷証券を転売し引き渡すことで運送品そのものの転売・引渡しと同一の効果が発生すること，正当な権利者以外の者に運送人から運送品が引き渡されないことが確実となることが船荷証券を利用するメリットである。

　しかし，船舶の高速化により，船荷証券が荷受人に届く前に運送品が陸揚港に到着してしまい，荷受人が運送品を受領できず待機時間が発生することが増加している（この状況を「船荷証券の危機」という）。サレンダードB/Lや海上運送状を利用する場合には，この状況は発生しない。

■サレンダードB/L（元地回収船荷証券）

　サレンダードB/Lとは，運送人によっていったん発行された船荷証券を荷送人が裏書した上で運送人に返却することにより，有価証券としての効力を失わせた書類をいう。荷送人には，"Surrendered"のスタンプを押された船荷証券（サレンダードB/L）のコピーが交付される。サレンダードB/Lは前述した船荷証券の性質を備えず，陸揚港での運送品の引渡しには必要とされない。荷受人は貨物到着通知書（Arrival Notice）等の確認によって運送品を受け取ることができる。

■**海上運送状**

海上運送状（〔Sea〕Waybill）（🌐4-9：サンプル）とは，運送人によって発行される記名式の運送状である。船荷証券と違って有価証券ではなく，荷送人から荷受人への単なる運送通知状である。そのため，船荷証券とは異なり，海上運送状の転売によって運送品を転売することはできない。陸揚港での運送品の引渡しに際して，海上運送状を呈示する必要はなく，貨物到着通知書等によって海上運送状に記載された荷受人である確認がとれれば，運送品を受け取ることができる。記載事項等については，商法770条を参照。

■**航空運送状**

航空運送状（Air Waybill）（🌐4-10：サンプル）とは，荷送人によって作成される記名式の運送状である（モントリオール条約7条1項）。もっとも，実務上は運送人が作成する。船荷証券と違って有価証券ではなく，契約締結，運送品の引受け，運送条件を推定する性質（証明力）を有するにとどまり（同条約11条），航空運送状の転売によって運送品を転売することはできない。到達地での運送品の引渡しに際して，航空運送状を呈示する必要はない。

Column 4-3 　運送書類の電子化

　海上運送状については，電磁的方法によることができるところ（商法770条3項），船荷証券についても，船荷証券の危機を回避しつつ船荷証券の有価証券としての機能を維持するため，その電子化の要請がある。現在，法制審議会商法（船荷証券等関係）部会において，国連国際商取引法委員会（UNCITRAL）が2017年に策定した「電子的移転可能記録モデル法」を参考に規定を整備するため議論が行われている。

第4章　国際運送・保険・決済　**91**

● 第2節　保　険

1　貨物保険

■貨物保険

　貨物保険とは，運送中に発生した貨物の滅失・損傷による損害を担保するための保険である。売買契約において運送中の物品の滅失・損傷のリスクを負担する当事者（被保険者）のために，当該当事者あるいはもう一方の当事者が手配する。

■貨物海上保険契約の内容

　海上保険事業は国際的な競争にさらされており，顧客獲得のためには国際的に受け入れられる契約内容が求められる。そのため，海上保険の中心的市場で，膨大な判例の蓄積がある英国で作成された保険証券フォームと約款を使用し，英国の法と慣習に準拠する海上貨物保険契約が国際的にも標準的となっている。

　現在，外航貨物海上保険では主に，**MAR フォーム**の英文保険証券（🌐4-11：サンプル）に**協会貨物約款**（Institute Cargo Clauses：ICC）を付したものが使用される。

　なお，海上保険という名称であるが，対象は国際貨物運送全般に及んでいる。

■協会貨物約款

　協会貨物約款は，ロンドン保険業者協会によって制定された貨物保険契約のための約款である。最新の 2009 年協会貨物約款は，船舶の座礁・沈没や共同海損等の海上危険を担保するが，カバーされるリスクの範囲が最も広い ICC(A)，中間の ICC(B)，最も狭いICC(C) がある（さらに，航空運送に対応する ICC(Air) がある）。インコタームズ（**→第3章第4節4**）の CIP 条件では ICC(A) 相当，

92　　第2編　国際売買取引

CIF条件ではICC（C）相当の保険の手配が要求される。

　協会貨物約款では，戦争やストライキによる貨物の滅失・損傷については免責されているが，これらを担保するためにオプションで追加できる協会戦争約款と協会ストライキ約款がある。

Column 4-4　共同海損

　船舶の座礁等により船舶と貨物が共同の海上危険にさらされた場合，船舶や貨物の共同の安全を図るために，船長が故意かつ合理的に，船体や貨物に損害を与えたり，費用を支出したりすることがある。このような犠牲損害や費用を船舶と貨物の価額で按分し，利益を受けた船主や荷主で負担するのが共同海損の制度である。ヨーク・アントワープ規則に従い，国際的に統一的な処理が行われている。

Column 4-5　ロイズ S.G. 保険証券

　17世紀，貿易の中心であったロンドンで，海上保険は大きく発展する。1つのコーヒー店から始まったロンドンの保険取引所ロイズが1779年に保険証券の統一書式として採用したのがロイズ S.G. 保険証券である。後にそれに添付して使用されるようになった1963年の旧協会貨物約款には，オールリスク担保（A/R：All Risks）条件，分損担保（WA：With Average）条件，分損不担保（FPA：Free from Particular Average）条件があった。しかし，これらの保険証券および約款は非常に複雑で難解であり，批判が集まるようになったため，1982年に新協会貨物約款と MAR フォームが制定されることとなった。

Column 4-6　保険会社が保険金を被保険者に払った後はどうなるか？

　保険により担保される損害が発生した場合，被保険者は保険会社に対し保険金請求権を行使することができる。このとき，被保険者が運送人

第4章　国際運送・保険・決済　93

に対しても損害賠償請求権を行使できると，被保険者は損害の塡補金を二重に得られることになってしまう。他方，被保険者が運送人に対する損害賠償請求権を行使できないこととすると，保険契約者の保険料負担により運送人が損害賠償義務を免れることになってしまう。そこで，保険会社が保険金を支払い，かつ，発生した損害につき被保険者が運送人に対して損害賠償請求権を有する場合には，保険会社が当該損害賠償請求権を取得するというのが，請求権代位の制度である。

2 貿 易 保 険

貿易保険とは，対外取引における戦争・テロ等の非常危険および契約相手方の破産等の信用危険によって生じる輸出不能・代金回収不能による損害を担保するための保険である。これらが生じた場合には多額の保険料の支払いが発生するため，民間保険会社が引き受けることは困難であり，国主導で実施されてきた。現在では，規制緩和により，民間保険会社も同様の商品（輸出取引信用保険）を提供している。

❶ 第 3 節　決　済

1　決済手段の類型

国際物品売買取引の決済手段には，売主が指図する為替手形により銀行を通じて代金の取立てを行う**取立方式**と，電信送金（T/T）や送金小切手により買主の指図で代金を支払う**送金方式**がある。従来は，信頼関係のない当事者間において確実に取引を行うために，

94　第 2 編　国際売買取引

為替手形を中心とした決済手段がとられてきたが，現在では，T/Tが主流となっている。

　そのほか，当事者間に複数の取引がある場合に，取引ごとに決済をするのではなく，当事者間の債権債務を集約して1つの債権債務に置き換えて決済をするネッティングという方法もある。

2　為替手形・信用状

■為 替 手 形

　為替手形（Bill of Exchange）（🌐4-12：サンプル）とは，手形の振出人（売主）が，支払人（買主）に対し，手形に記載された金額を受取人（売主の取引銀行等）に支払うことを委託する内容の有価証券である。

■荷為替手形

　為替手形を，船荷証券を含む船積書類と組み合わせたものを**荷為替手形**という。売主は，荷為替手形の買取り（割引ともいう）または取立てを銀行に依頼する。（荷）為替手形の呈示を受けた買主は，支払い（手形支払書類渡〔D/P〕条件の場合）または引受け（＝手形金額の支払義務を負担する行為。手形引受書類渡〔D/A〕条件の場合）をすることによって船荷証券を受領でき，これを運送人に呈示することで売買目的物を受け取ることができる。反対に，買主が銀行から呈示された（荷）為替手形に対して支払いまたは引受けをするまでは，買主に船積書類は渡らない（もし買主が支払いや引受けをしなければ，船積書類は売主の手元に戻ることになる）。このように，荷為替手形は，代金だけ，あるいは，売買目的物だけを相手方に取られてしまい，他方が手に入らないという事態を防ぐことによって，隔地的な売買取引の同時履行を実現するために利用されてきた。

第4章　国際運送・保険・決済　**95**

■荷為替手形の欠点

　銀行による荷為替手形の買取りには**買戻し特約**が付されており，銀行から呈示された荷為替手形に対して買主が支払いをしない（不渡り）場合には，売主は荷為替手形を買い戻さなければならない（銀行に荷為替手形の取立てを依頼した場合も，「買戻し」が発生しないだけで，荷為替手形が売主の手元に戻ってくるのは同じである）。このような事態になったとき，船積書類は売主の手元に戻るため，売買目的物だけ買主に入手されてしまって代金が手に入らないということにはならない。しかし，本船が船積港をすでに出航していて，売主が運送品を取り戻したり転売したりするのに費用と手間がかかるおそれがある。この欠点は，信用状を利用することで補うことができる。

■信用状・荷為替信用状

　信用状（L/C：Letter of Credit）（🌐4-13：サンプル）とは，買主の依頼に応じてその取引銀行が発行する，当該銀行が一定の条件の下での支払いを確約する文書である。信用状発行銀行が独自の支払義務を負う点で保証とは異なる。荷為替手形と信用状を組み合わせたものを**荷為替信用状**といい，これにより銀行の信用を利用して，荷為替手形決済における買主の不払いリスクに対処することができる。

　信用状発行銀行は，信用状において指定される条件を充足する船積書類が売主や銀行から呈示されれば，支払いを行う。他方，呈示された船積書類が信用状条件を充足しない場合には**ディスクレ**（Discrepancy：信用状条件との不一致）となり，発行銀行は支払いをしない。荷為替信用状による決済の仕組みについて，**図4-3**参照。

■信用状統一規則

　信用状取引は，民間団体である国際商業会議所（ICC）が信用状取引における慣行を明文化し，円滑化を図るために採択した「荷為替信用状に関する統一規則および慣例」（**信用状統一規則**）に基づい

96　　第2編　国際売買取引

図 4-3 荷為替信用状による決済の仕組み（一例）

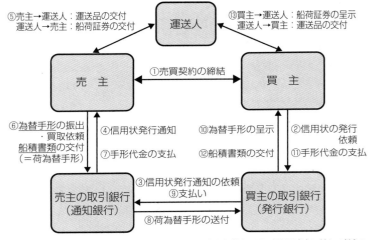

※信用状発行通知（④）は，コルレス契約により発行銀行と提携する別の銀行が売主に対して行うこともある。
※発行銀行が信頼できるか不明な場合，信頼度の高い他の銀行による信用状の確認（発行銀行と同様の義務を負う）が行われる。信用状の確認を行う銀行を確認銀行という。

て行われている。最新版は，2007年改訂版のUCP600である（抄訳について，澤田他『マテリアルズ国際取引法〔第3版〕』〔有斐閣，2014年〕資料6-1参照）。当事者の契約の中で援用すれば，当事者の合意として契約内容に取り込まれる。

UCP600によると，信用状取引で利用できるのは，運送品が船舶に積み込まれたことを運送人が確認し，その旨を記載した船積船荷証券および船積海上運送状ならびに航空運送状（運送品の引受け後に交付される）である。これに対し，運送人が運送品を受領した旨を記載した受取船荷証券および受取海上運送状は，運送品の積込みが確実でないため，原則として信用状取引に利用することはできないが，運送品積込み後の積込付記により利用可能となる。

| Column 4-7 | スタンドバイ信用状 |

　スタンドバイ信用状（Stand-by Letter of Credit）とは，決済ではなく債権の担保のために発行される信用状をいう（＝保証と同趣旨）。信用状発行依頼人（債務者）に債務不履行があった場合に，受益者（債権者）からの請求に応じて発行銀行が支払いを行う。たとえば，プラント輸出契約における受注者の損害賠償債務や，日本企業の海外子会社が現地銀行から受ける融資の返済債務について利用される。

3　電　信　送　金

　買主が銀行 A に送金を依頼し，一定額の支払いを売主に行うことを委託するための支払指図を A が銀行 B に対して電信で行い，売主が B から代金の支払いを受ける方法を**電信送金**（T/T：Telegraphic Transfer）という。前払いまたは後払いのいずれかにする場合だけでなく，一部を前払い，残りを後払いの分割払いとする場合もある。電信送金は，手数料が高く事務処理も煩雑な信用状決済と比較して安価・簡便であること，相手方の信用情報の確認が容易になってきたことなどから，現在主流になっている。

| Column 4-8 | SWIFT |

　SWIFT（Society for Worldwide Interbank Financial Telecommunication）は，銀行間の国際的な金融取引に関する情報通信のためのインフラを提供する組織である。SWIFT が提供する標準化されたフォーマットとプラットフォームは，200 以上の国・地域で 11,000 以上の銀行等が利用しており，国際送金のグローバルスタンダードとなっている。SWIFT から排除されれば国際送金が難しくなるため，近年は経済制裁の手段として利用されることもある。2022 年 3 月以降，ウクライナ侵攻を始めたロ

98　第 2 編　国際売買取引

シアへの経済制裁として，ロシアの大手銀行が SWIFT から排除された
のもその一例である。

第5章
国際知的財産権

　現代の国際取引においては，物品の輸出入だけではなく，無体物の取引が大きなウェイトを占める。とくに国際取引における知的財産は，日本は知的財産立国戦略を打ち出していることもあり，重要性を増している。知的財産とは，人間の知的創造活動の成果で，財産的価値を有するものであり，たとえば発明，考案，意匠，植物の新品種，著作物や，営業秘密，ノウハウ等である。

　発明された技術・知識はしばしば国際的な譲渡やライセンスの対象となる。漫画やゲーム・映画といった日本のコンテンツは世界的に人気であり，しばしば海外に輸出されるし，たとえばゲーム配信など，インターネットというボーダレスな環境においても利用されている。反対に，日本に外国からコンテンツを輸入する場合もある。このようなコンテンツ取引についての契約を締結するには，知的財産権とその国際的な契約に関する知識が不可欠である。

　また，取引対象となる商品が他者の知的財産を侵害するとビジネスの障害となってしまう場合もある。たとえば，外国からの輸入品が特許や商標権を侵害するために輸入できないといった状況である。その他にも，模倣品対策も欠かせないし，権利侵害の場合の対処法も知っておく必要がある。企業活動の国際化に伴い，ある国の企業が研究開発（R&D; Research and Development）の拠点を他国に置いているようなケースもあるだろう。

　さらに問題を複雑にするのは，知的財産権に関する規律は，いくつかの国際条約はあるものの，各国がそれぞれ法制度を設けていること

100　第2編　国際売買取引

である。すると，国境を越える知的財産権の取引や侵害について，どこの国の法を適用するか（準拠法）が問題となる。

　本章では，現代の国際取引に関わる者にとって欠かせない，知的財産についての国際的規律について説明する。

◎ 第1節　国際的な権利保護の枠組み

■知的財産権の国際的枠組み

　知的財産の国際的な保護と流通の必要性が増した19世紀ごろから，各国の制度を調和させようとする世界的潮流が生じ，国際条約が締結された。これらの国際条約は各国の制度にも大きな影響を与えている。

　知的財産に関する国際的な機関である世界知的所有権機関（WIPO）は，知的財産分野の多種多様な国際条約を管理している。WIPOが管理する条約は数多いが，ここでは代表的な2つの基本条約（工業所有権の保護に関するパリ条約，文学的及び美術的著作物の保護に関するベルヌ条約）を紹介する。

1　パ リ 条 約

■パリ条約の対象

　パリ条約（🌐5-1）は工業所有権（現在では一般に「産業財産権」の語が用いられるが，パリ条約では「工業所有権」が公定訳語である）の保護を目的として1883年に締結された。これまで複数回の改正を経て，1967年ストックホルム改正（1979年修正）が現行であり，現在の加盟国は180か国（2024年7月現在）を数える。

　パリ条約は，権利の効力はそれを付与した国の領域内に限定され

るという属地主義原則を前提としつつ，各国の法制度の調整を通した産業財産権の国際的・統一的な保護を目的とする。同条約の適用範囲は広く，特許，実用新案，意匠，商標，商号，原産地表示や不正競争防止等（1条2項）に加え，農・鉱・商業といった工業以外の産品（たとえば，ワイン，穀物，たばこの葉，果実，家畜，鉱物，鉱水，ビール，花，穀粉）等も対象となる。

■ **パリ条約と特別取極**

　加盟国の多さと長い歴史を理由に，パリ条約は産業財産権に関する国際的な基本原則と位置づけられる。同条約の改正には全加盟国の賛同が必要であり（全会一致の法則），事実上改正が困難という硬直性が問題点ではあるが，加盟国はパリ条約の枠内で特別取極を締結でき，実務上はさまざまな手当てが準備されている。出願手続の国際統一をはかる特許協力条約（PCT）や標章の国際登録に関するマドリッド議定書などは，この特別取極にあたる。

■ **パリ条約の三大原則**

　パリ条約は3つの原則を柱とする。

　まず，加盟国は，他の加盟国の国民を自国の国民と同様に扱わなければならない（内国民待遇原則）。これにより，加盟国は，他の加盟国の国民と比べて自国民を優遇するような国内法を定めることはできない。

　次に，各加盟国で取得された特許は，他の加盟国で同一の発明について特許が取得されても，当該他の加盟国の特許から独立して取り扱われる（特許独立原則）。したがって，ある加盟国で特許が無効となった場合にも，他の加盟国の同じ発明についての特許が自動的に無効となることはない。

　第三に，ある加盟国に出願を行った者が，一定の期間内に他の加盟国へも同様の内容の出願をする場合，最初の出願日を基準日とす

102　　第2編　国際売買取引

ることができる（つまり，他の加盟国への出願についての優先権を得られる）制度である（優先権制度）。これにより，書類の準備等の手続に時間がかかり，他の者に先に出願されてしまう，などの事態を防ぐことができる。優先期間は，特許・実用新案は1年，意匠・商標は6か月である。

2　ベルヌ条約

■ベルヌ条約の対象

　ベルヌ条約（🌐5-2）は1886年に締結された世界初の著作権に関する条約で，複数回の改正を重ね，1971年パリ改正が現行である。現在の加盟国は181か国（2024年7月現在）にのぼり，著作権分野の基本条約である。

　ベルヌ条約の保護の対象となる「文学的及び美術的著作物」の範囲はきわめて広く，表現方法・形式を問わず，書籍や文書，講演・演説等，演劇・舞踏等，楽曲（歌詞の有無は問わない），映画，絵画・版画等，建築，彫刻，写真，応用美術，図解・地図・図面，模型等，文芸・学術・美術分野のあらゆる製作物を含む（2条1項）。

■ベルヌ条約の二大原則

　ベルヌ条約は，2つの原則を有する。

　まず，パリ条約と同じく，他の加盟国の国民を自国民と同様に保護しなければならない（内国民待遇原則）。ただしベルヌ条約では，著作者が加盟国の国籍を有するかではなく，基本的には，著作物の本源国（country of origin）が加盟国であるかが基準となる。つまり，他の同盟国の著作物に対して自国の著作物と同様の保護を与えなければならない，というのがベルヌ条約にいう内国民待遇である。

　次に，権利の発生にはいかなる方式も必要としない（無方式主義）。

著作物が創作された時点で，すべての加盟国について，自動的にその著作物についての著作権が発生する。（特許でいうところの出願のような）登録などの行為や著作権の表示などは，必要ではない。

3 TRIPS 協定（知的所有権の貿易関連の側面に関する協定）

■知的財産保護の国際的強化

パリ条約やベルヌ条約では，権利が侵害された場合のルールは明確ではなかった。1980 年代以降，知的財産に関係する商品・役務の取引が増加するにつれ，偽ブランド品や海賊版による被害が現実に問題となり，知的財産保護のための実効的な国際ルールの欠如が 1986 年からの GATT ウルグアイ・ラウンドで取り上げられた。その結果，1995 年世界貿易機関（WTO）成立協定の一部（付属書 1C）として成立したのが TRIPS 協定（🌐 5-3）であり，知的財産分野の重要な国際取極である。

この協定は，知的財産の十分な保護と権利行使手続の整備を加盟国に義務づける。対象となる知的財産には，特許，著作権，意匠，商標，集積回路の配置のほか，営業秘密のような非公開情報（→Column 5-1）や地理的表示（→Column 5-2）も含まれる。

■TRIPS 協定の意義

TRIPS 協定は，パリ条約やベルヌ条約等の知的財産分野の既存の条約の遵守を義務づけた上で，さらに保護を強化している。自国民と外国人との差別的な取扱いを禁じる内国民待遇，および，ある加盟国に与える権利は他のすべての加盟国にも与えられる最恵国待遇を基本原則とする。民事上・行政上の手続および救済措置，国境措置や刑事罰などの権利の行使（エンフォースメント）に関する規定

104 第 2 編 国際売買取引

を創設した点や，協定違反の場合には WTO の紛争解決機関への提訴が可能である点でも意義がある。

Column 5-1　営業秘密と不正競争防止法

研究・開発や営業といった企業の活動の中でさまざまな秘密の情報・ノウハウが生み出される。顧客名簿や仕入先リスト，販売マニュアル等の営業上の情報や，製造方法や設計図，実験データ等の技術上の情報である。これらの情報を営業秘密と呼ぶ。

営業秘密は，秘匿された情報であることに意味があり，特許等のように登録・公開する制度にはなじまない。しかし，これらの情報が保護されないと企業活動へのインセンティブが低下し，競争秩序にも悪影響を及ぼすから，法的保護が与えられている。日本法では，営業秘密は不正競争防止法で保護され，その不正な取得・利用・開示などの行為に対しては民事上および刑事上（懲役〔改正後の拘禁刑〕・罰金）の責任が追及される。

Column 5-2　地理的表示（Geographical Indication; GI）

世界各地にはその地域に根づいた農産品や食品がある。このように特定の地域に結びついた産品について，地域共同の知的財産を保護する仕組みが地理的表示である。たとえば，フランス・シャンパーニュ地方産の発泡ワインだけが特別に「シャンパン」と称され，他の地方や国で生産されるものは「スパークリングワイン」である。

この制度は，地域独自の気候風土や伝統的な製法に由来する産品にその地域の名を付してブランド化し，生産者および消費者双方の利益を保護することを目的とする。その地域の生産者らは，高品質の産品を生産することに長い時間やさまざまなコストを費やして産品のブランドを育て上げており，模倣者によるフリーライドを防ぐ必要がある。消費者にとっては，GI 登録された産品を選ぶことで「本物」にリーチできるし，品質への期待も保護される。

第 5 章　国際知的財産権　　105

◎ 第 2 節 　知的財産に関する契約

■知的財産に関する条項

　知的財産に関する契約では，既存の権利や将来生み出される知的財産権を対象に，その譲渡や利用が定められる。紛争予防の目的からも，契約においては，対象となる知的財産の帰属や取扱いや利用に関して，細かに定めておく必要がある。知的財産に関する契約については，さまざまなガイドラインや契約の雛型も示されている（たとえば，中小企業庁「知的財産取引に関するガイドライン」〔🌐5-4〕や文化庁「著作権契約書作成支援システム」〔🌐5-5〕など）（🌐5-6：知的財産関係の契約書サンプル）。

■知的財産の譲渡

　知的財産権は，対象となる技術や創作物などを一定期間排他的に独占する権利である。この権利は，一般的な財産権と同様に売買・譲渡することができる（権利譲渡）。たとえば，自社のマスコットキャラクターのデザインの作成を依頼した場合，その後のさまざまな活用を考えれば，デザイナーから権利（この場合は著作権）を譲渡してもらう方が安心である。著作権がデザイナーにあると，利用の都度，その許諾を得なければならないからである。そこで，元の権利者であるデザイナーに対価を支払い，権利を買い取ることになる。

■知的財産の帰属条項

　知的財産は無形であることもあり，誰がそれについての権利を有するかという問題がしばしば生じる。上述の例のような委託による著作や，共同開発によって発明された技術等についての権利が誰に属するかを，契約において明確にしておく必要がある。

106 　第 2 編 　国際売買取引

| Column 5-3 | 職務発明・職務著作 |

　企業や研究機関に属する社員や研究員等（従業員）が，所属組織（使用者）からの指示により，業務の中で発明や創作をなすことがある。これは実際に発明や創作をした従業員の知的活動の成果であると同時に，使用者による研究開発等への対する投資の結実でもある。また，現実問題として，技術や著作の利用の度に使用者が従業員の許諾を得なければならないとしたら煩雑である。そこで，使用者と従業員との間の利益調整を目的とするのが職務発明および職務著作の制度である。

　日本法上，職務発明については，契約等であらかじめ定めておけば，相当の利益と引換えに特許を受ける権利は使用者等に帰属する。職務著作の場合，一定の要件を充足すれば，実際の創作者である従業者ではなく会社等の使用者が著作者となる。

　社員等による発明や著作について，自社で職務発明・職務著作規程を準備する企業も多い。職務発明・職務著作の制度は各国で異なっている（国際的な職務発明・職務著作に適用される準拠法については→本章**第3節**）。

■ 知的財産権の許諾

　権利を譲渡するのではなく，自分で保有したまま他者にその権利の利用を許諾（**ライセンス**）することもできる。ある会社が自社で特許を有する技術を用いて医薬品を製造・販売しているが，急な伝染病の流行で市場に十分な量を供給するため，同業他社が同じ医薬品を製造したい，と望む場合，自社でも製造・販売をしているから，特許権は自社で保持しておきたい。そこで，同業他社には権利を譲渡するのではなく，権利の利用（「実施」という）を許諾する。実施許諾を与える者を**ライセンサー**（実施許諾者），実施許諾を受ける者を**ライセンシー**（実施権者）と称する。

■ ライセンスの対価

　ライセンシーは対価として権利の使用料（「実施料」とも。royalty）

第5章　国際知的財産権　　107

をライセンサーに支払う。その支払いの形式もさまざまである。一括払い（lump sum）の場合もあれば，頭金（initial）に加えて継続的実施料（running royalty）を支払う形もある。また，技術の使用，製品の製造・販売等の実績にかかわらず，実施許諾者に一定額の最低実施料（minimum royalty）を支払う形態もある。

■独占実施権と非独占実施権

ライセンス契約において，ライセンサーが有する知的財産契約で定められた範囲内で実施権者が独占的に実施できる権利を，独占実施権と呼ぶ。独占実施権を与えた場合，ライセンサーは，それと重複する実施権をその他の者に許諾することはできない（ライセンサー自身が実施できるかどうかは契約の定めによる）。これに対して，非独占実施権の場合には，ライセンサーは同一の内容の実施権を複数の者に与えることができる。

■再実施の許諾

ライセンシーが，たとえば自社の子会社など，他の者に対象となる技術を実施させたい場合もある。これを再実施（サブ・ライセンス）と呼ぶ。このようなサブ・ライセンスを許容するかを決定し，許諾契約に明示する必要がある。

■複数間の権利許諾

複数の権利者が互いに相手の権利を利用したい場合には，保有する知的財産の利用を相互に許諾し合うクロス・ライセンスを利用することもある。クロス・ライセンスの場合，互いの権利を相互利用するため実施料の支払いがないこともある。また，複数の者が，各自が有する権利を一定の企業体や組織体に集中させ，その企業体・組織体を通じて構成員がライセンスを受ける仕組みをパテント・プールという（なお，このパテント・プールへの新規参入を阻害することが独占禁止法上の問題となった事件として，公正取引委員会平成9年8月6

日審決〔経済法百選〔第2版〕10事件〕)。

■技術の改良に関する条項

　許諾契約において，とくに特許のように技術が対象となる場合，ライセンシーが許諾された技術を利用する中で改良し，そのように派生した改良技術についてライセンシーが新たな権利を取得することもあり得る。このような場合に備え，元の技術の保持者であるライセンサーに改良技術についての実施権を与える義務をライセンシーに負わせる条項（グラント・バック条項）が置かれることがある。また，改良技術に関する権利をライセンサーに譲渡させる義務を負わせる条項（アサイン・バック条項）もある。なお，これらの条項に関しては，競争法上の規制にも留意が必要である（→**第11章第1節**）。

■権利不争条項

　特許権や商標権等の権利は登録により権利が発生するが，無効審判の請求等により，権利自体の有効性を問うことができる。権利が無効となると，それを対象とする許諾契約自体が成立しなくなるため，ライセンシーに対し，契約の対象となる権利の効力を争ってはならないという条項（権利不争条項）が置かれることがある。なお，この条項についても，一定の場合には競争法上の問題（不公正な取引方法）に該当することがあり，注意を要する。

■秘密保持（守秘）条項

　知的財産の対象は無体の情報であり，情報はいったん流出するとそれを止めることはきわめて困難である。内容が公表される特許等の権利はともかく，とくに営業秘密といった秘匿されていることに価値がある情報が契約の対象となる場合には，秘密保持義務や漏洩防止措置，秘密保持期間等について，契約に詳細な規定を置く必要がある。

第5章　国際知的財産権　　**109**

◉ 第3節　知的財産の準拠法

■知的財産に関する法の抵触

　知的財産の国際的保護には，本来，世界的に統一された法があれ
ば理想であるが，各国の産業・文化政策の相違や経済的・政治的思
惑の対立から，現実には統一法の策定には至っていない。**第1節**で
述べたパリ条約やベルヌ条約も最低限の水準を定めるだけであり，
出願手続や保護期間など，各国の法律の内容は異なっている。する
と，異なる国の間で知的財産を取引する場合には，どこの国の法が
適用されるかが問題となる。

■知的財産の属地主義と準拠法選択

　各国が自国の産業・経済上の必要に応じて知的財産制度を発展さ
せてきた背景から，各国が自国法で権利の内容を定め，その効力は
当該国の領域内に限定されるという**属地主義**（territoriality）が原則
とされる。この原則を踏まえ，知的財産に関する法律を公法ととら
え，自国で問題となる知財関係の事件には常に自国の知的財産法が
適用される，という見解もないわけではない。

　しかし一般には，渉外的な知的財産に関する問題には準拠法選択
が必要とする見解が通説である（最判平成14年9月26日民集56巻7
号1551頁［百選41事件］）。日本における準拠法決定規則は法の適用
に関する通則法であるが（**→第2章第1節**），同法には知的財産権に
関する明文規定はなく，現状，解釈に委ねられている。

■登録の有無による区別

　知的財産の準拠法を考える際，権利の発生に登録が必要か否かで
知的財産は区分される。

　登録を要する知的財産とは，特許・商標・意匠・実用新案等，所
定の登録機関への登録によって権利が付与されるものである。これ

110　　第2編　国際売買取引

に対し，登録が必要とされないのは著作権である（**第1節2の無方式主義を参照**）。

1 知的財産に関する契約の準拠法

■契約自体の準拠法

知的財産の移転やライセンスは契約によって成立する。このように移転やライセンスの原因となる契約の準拠法は契約準拠法の一般原則によって定められる（**→第2章第2節**）。つまり，当事者による準拠法選択があるときはその法により（通則法7条），ない場合には最密接関係地法が準拠法となる（同法8条）。

この準拠法は，移転・ライセンス契約それ自体の成立や，債務不履行およびその場合の損害賠償等の問題に適用される。

■移転の準拠法

これに対して，権利自体の移転については，知的財産権の排他的効力に着目して，「物権類似の支配関係の変動」として特許等については登録国，著作権については利用行為がなされた地の法による。

移転に関する要件や第三者への対抗要件などは，この法によって規律される（たとえば，東京高判平成15年5月28日判時1831号135頁［百選44事件］）。

■職務発明の準拠法

国際的な企業や研究機関は，研究・開発拠点を他国に置いていることもある。すると，職務発明が国際的なレベルで問題となる。ある職務発明について，日本だけでなく外国の特許を受ける権利とその対価が問題となる場合の準拠法は，外国の特許を受ける権利の譲渡の当事者間での債権債務の問題として，契約準拠法（**→第2章第2節**）によるとする裁判例（最判平成18年10月17日民集60巻8号

2853頁〔百選42事件〕）があるが，権利移転や対価の問題が雇用契約
中にある場合には，通則法12条の労働者保護規定が適用されると
する見解もある。

■職務著作の準拠法

　比較法的には，原始的には創作者である従業員に帰属させつつも
使用者に独占的利用権を与える国や，そもそもこの制度を有さない
国もあり，各国でさまざまに異なる。そこで，国際的な状況で職務
著作の問題につき，どこの国の法によるかが重要になる。職務著作
の準拠法の決定は「法人その他使用者と被用者の雇用契約の準拠法
国における著作権法の職務著作に関する規定による」とする裁判例
がある（知財高決令和3年9月29日）。この理解に立てば，原則とし
て使用者・従業員との間の契約準拠法（→**第2章第2節**）によりつ
つも，労働契約の準拠法についての通則法の特則（通則法12条）に
より，その契約の最密接関係地法中の強行規定による保護が及ぶ可
能性がある（→労働契約の準拠法一般について，**第13章第2節**）。

2　知的財産権侵害の準拠法

■侵害の際になされる請求

　自社の特許にかかる技術を勝手に用いた製品や，自分の創作物の
許諾のない複製品（海賊版）が他人により販売されるなど，自身が
有する知的財産権が他者に侵害される場合がある。このような侵害
が国際的に生じた場合にどこの国の法が適用されるかも重要である。

　知的財産権が侵害され，たとえば海賊版の商品が流通している場
合に，権利者は，損害賠償請求するだけでは自分の損失を止められ
ない。将来的な損失を防止するためには，損害賠償と同時に，その
海賊版商品の輸入や販売といった行為の差止めや，すでに在庫があ

112　第2編　国際売買取引

る侵害品の廃棄なども請求する必要がある。

■差止・廃棄請求と損害賠償請求の区別

渉外的な知的財産侵害事案では，相手の侵害行為を差し止める請求および侵害品を廃棄する請求と損害賠償請求とを別個の問題ととらえるのが最高裁の立場である（前掲最判平成 14 年 9 月 26 日）。これは，前者は知的財産権の排他的効力から導かれる請求であるのに対して，後者は「財産権の侵害に対する民事上の救済の一環」ととらえたものである。この判決が示した理論の妥当性について学説上は議論があるが，裁判実務ではこの判断が踏襲されている。

その上で，損害賠償請求については，特許権等の登録知的財産権と登録を要しない著作権等のいずれも同じ理論による。これに対して，差止・廃棄請求については，登録型知的財産権と著作権とでそれぞれ異なる根拠が示されている。

■知的財産権の侵害に対する損害賠償請求の準拠法

知的財産権の侵害に対する損害賠償請求は，特許等の登録を要する知的財産権の場合と非登録型の著作権の場合のいずれも，不法行為と法性決定される。したがって，通則法 17 条より結果発生地法が適用されることになる（→**第 2 章第 3 節 2**）。この場合，不法行為の一般的な理論にしたがい，20 条（明らかにより密接な関係がある他の地の法），21 条（当事者による事後的変更）および 22 条（日本法の留保条項）の適用の検討も必要となる（→**第 2 章第 3 節 3〜5**）。

■特許権等に基づく差止・廃棄請求

損害賠償請求とは異なり，差止・廃棄請求は権利の排他的効力に基づくものである（前掲最判平成 14 年 9 月 26 日）。そこで同判決は，差止・廃棄請求について，「特許権の効力」と法性決定し，条理に基づいて，登録国法によると判断した。この最高裁判決は特許権についての判断であるが，その他の登録型の知的財産権にも妥当する

と考えられる。

■著作権に基づく差止・廃棄請求

　著作権に基づく差止・廃棄請求は，ベルヌ条約5条2項第3文にいう「著作者の権利を保全するため著作者に保障される救済方法」と性質決定され，同規定により，「保護が要求される同盟国」の法が準拠法となる（なお，著作者人格権に基づく差止・廃棄請求の場合も，同条約6条の2第3項により同様である）。より具体的には，著作権の利用行為または侵害行為がなされた国と理解されている。

3　並　行　輸　入

■並行輸入とは

　外国メーカーのブランド品等を，正規代理店ではない第三者が外国で購入し，日本で輸入・販売することがある。この第三者による輸入ルートは，外国メーカーの代理店等を通じた正規ルートと並走することから，「並行輸入」と呼ばれる（→図5-1）。

　正規輸入品はブランドイメージ保護等のためにしばしば価格が固定されるが，並行輸入品はそのような制約を受けないため，比較的安価なことが多い。正規輸入品を購入してほしいメーカーからすれば，安価な並行輸入品が市場に出回ると自身のパイを奪われるので，このような行為を差し止めたいと考えるだろう。このような並行輸入に対する何らかの請求は可能だろうか。

■国内消尽論と国際消尽論

　並行輸入を検討する前提として，消尽論を理解する必要がある。消尽論とは，権利者等によっていったん適法に市場に置かれた製品は，その時点で知的財産権は目的を達成して使い尽くされる（その製品を適法に取得した者に対してもはや知的財産権を主張できない。取得

114　　第2編　国際売買取引

図 5-1 並行輸入

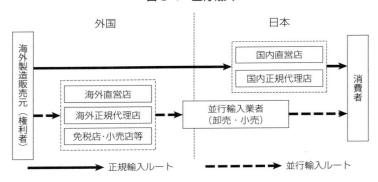

者は自由にその製品を利用・譲渡できる）という理論である。この消尽論は，流通が国内で完結する限りは一般に認められている（国内消尽論）。

　これに対して，ある製品がいったん外国で適法に流通に置かれた場合，その国における知的財産権だけでなく，日本における当該製品についての知的財産権もその目的を達成して消尽するかが問題となる（国際消尽論）。国際消尽論が肯定されると，その商品についての知的財産権はすでに尽きているから，権利者は何ら請求ができない。反対に否定されるならば，権利者は日本における知的財産権を保持しているから，その製品の取得者に対して何らかの主張をする余地がある。並行輸入については，特許権と商標権のそれぞれについて最高裁の判断があり，リーディングケースとなっている。

■特許権の並行輸入（BBS 事件判決）

　特許権の並行輸入に関する最判平成 9 年 7 月 1 日民集 51 巻 6 号 2299 頁［特許判例百選〔第 5 版〕26 事件，国際私法判例百選〔第 3 版〕40 事件］は，国際消尽論を認めていない。すると，原則通りに考えれば，権利者には日本における特許権があるので，並行輸入を行う

者に対して何らかの請求が可能なようにも思われる。

　しかし，ここで最高裁は，外国で特許製品を譲渡したときに権利者が譲受人およびその後の転得者に対して特許権を主張できる場合を限定している。その要件とは，①製品の譲受人との間で，当該製品について販売先・使用地域から日本を除外する旨が合意されており，かつ②その合意が当該特許製品に明示されていること，である。この要件に当てはまらない場合には，権利者は並行輸入を行う者に対して差止や損害賠償を求めることはできないことになる。

■ **商標権の並行輸入（フレッドペリー事件判決）**

　商標の並行輸入に関しては，最判平成 15 年 2 月 27 日民集 57 巻 2 号 125 頁［商標・意匠・不正競争判例百選〔第 2 版〕33 事件］において，形式的に商標権侵害に該当する行為であっても，商標法が保護しようとする商標の機能が害されない場合には違法性が阻却されるとする理論（**商標機能論**）が示されている。ここで言われる商標の機能とは，商品や役務を誰が提供したかを消費者に示す（出所表示）機能と，同一の商標が付された商品・役務には一定の品質が保証される（品質保証）機能である。

　これを判断するための要件として，フレッドペリー事件判決では，①商標が外国の商標権者やライセンシーによって適法に付されたこと，②外国の商標権者と日本の商標権者とが同一人（または法律的・経済的にそう同視しうる者）であり，その外国商標が日本の商標と同一の出所を表示すること，③日本の商標権者が直接・間接的にその商品の品質管理を行いうる立場にあり，その商品と日本の登録商標を付した商品との間で，品質に実質的な差異がないこと，が挙げられている。もっとも，このように商標に並行輸入を制限する機能を認めないことについては，学説上の批判もある。

116　　第 2 編　国際売買取引

第6章
プラント輸出

本章では，発電所などの大型の設備を海外へ輸出するプラント輸出について扱う。日本政府は，「インフラシステム輸出戦略」を策定し，わが国の成長戦略・海外展開戦略の一環として，プラント輸出を含むインフラシステム輸出を積極的に推進している。プラント輸出契約の内容は多種多様かつ複雑であり，特有の契約条項や，輸出に関連して注意を要すべき事項など，さまざまな点に配慮する必要がある。以下では，プラント輸出とは何かを確認したうえで，プラント輸出契約に特有の契約条項や，同契約に適用される法について学ぶ。

◎ 第1節　プラント輸出とは

1　プラント輸出の概要

生産設備や大型の機械設備などを**プラント**と呼び，これらの設備を海外へ輸出することをプラント輸出という。発電所，製鉄所，石油精製施設，通信設備，鉄道設備などがプラントの例であり，多くの日本企業が海外プロジェクトとしてこれらの設備の輸出に関与している。**プラント輸出契約**の内容は多種多様であり，設備等の設計・建設，必要な機器や部品の供給だけでなく，稼働に向けて必要

第6章　プラント輸出　　117

な役務・技術の提供や稼働後の保守点検等が含まれることがある。この場合，設備の建設に関する請負契約，機器や部品の売買契約，技術移転契約などが含まれることとなり，プラント輸出契約は大規模で複雑な混合契約の性質を有する。

2　プラント輸出の当事者

　プラント輸出契約自体の当事者は，発注者と受注者である。プラント輸出は，大規模かつ長期的になることが通常であり，発注者は輸入国の大企業だけでなく，政府の関係機関である場合も少なくない。支払に必要な資金は，ODA などを通じて輸出国政府から調達する場合もあれば，事業から生み出されるキャッシュフローを返済の原資として金融機関から借り入れるプロジェクト・ファイナンスの手法を用いる場合もある（→**第 10 章第 2 節 5**）。とくに，プロジェクト・ファイナンスを用いる場合は，コストオーバーランを防ぐことが重要であることから，代金は固定価格とされ，工事期間中の費用増加リスクは受注者が負うものとすることが通常である。

　受注者は単独で受注する場合のほか，複数の企業が共同して受注したり（コンソーシアム），共同事業体（ジョイント・ベンチャー〔JV〕）を組織して受注することもある（JV については**第 8 章第 2 節**を参照）。また，受注者が単独でプラントを完成させることは難しいため，下請業者に委託する場合がある。さらに，受注者の義務履行を保証するために，銀行による保証状の提出を発注者から求められることもある。

　プラント輸出は，輸入国の経済発展に貢献する一方，輸出国にとっても技術集約的で産業・貿易構造を高度化させる要素があり，双方の国にとってメリットがある。

118　第 2 編　国際売買取引

3 プラント輸出の類型

　プラント輸出は，受注者が負う役務の範囲によって，以下の類型等に分類することができる（🌐6-1：プラント輸出契約類型）。

■FOB型

　受注者の役務が，プラントを設計・製造して船積みすることで完了する契約内容を**FOB型**という。プラントの設計・製造・船積み以外の役務を受注者が負わないという意味で，貿易条件におけるFOB型と類似していることからFOBという用語が用いられているが，インコタームズにおけるFOBとは意味が異なる（インコタームズについては，**第3章第4節4**参照）。受注者が負う役務に，プラントの設計・製造・船積みに加えて，プラントの据付や試運転等の監督業務を伴う場合は，**FOB＋SV**（Supervision）**型**と呼ばれる。

■ターン・キー型

　発注者がキー（鍵）を回せば運転を開始できる状態まで仕上げてプラントを引き渡す契約内容を，ターン・キー型という。このうち，プラントの設計・製造・船積みから据付，試運転，保証責任のすべてを1つの受注者が負う契約内容のことを**フル・ターン・キー型**といい，受注者の責任範囲が最も大きい類型とされる。一方で，発注者が上記の役務の一部を受注者とは別の第三者に発注するものを，**セミ・ターン・キー型**という。この場合，プラントに必要な機器の一部をより安価に提供する事業者から調達したり，現地の事情に精通している事業者に土木工事を発注したりできるなど，発注者の選択に柔軟性がもたらされる。

■EPC型

　プラントの設計（Engineering）・資機材の調達（Procurement）・建設（Construction）を一括して受注者に発注する契約内容を，その頭

第6章　プラント輸出　　119

文字をとって **EPC 型**という。これらの役務に機器の据付業務が加わると **EPCI**（Installation），試運転が加わると **EPCC**（Commissioning）とよばれる。EPC 型の契約内容は，ターン・キー型と重なる部分が多いが，契約内容をより明確に示すことができることから，近年は EPC 型の用語を用いることが多い。

■**BOT 型**

　プラントの建設（Build）・運営（Operate）・移管（Transfer）を受注者が負う契約内容を，その頭文字をとって **BOT 型**という。これは，受注者がプラントを建設し，自らが一定期間その設備を運営して投資資金を回収した後，発注者にプラントを引き渡すものである。

◎ 第 2 節　取引に特有の契約条項

　プラント輸出は大規模かつ長期になることが通常であり，このことから生ずるさまざまなリスクに対処するため，LOI の作成やさまざまな契約条項が挿入される。以下では，プラント輸出契約における重要な契約条項の一部を紹介する。なお，英文契約書に挿入される一般条項については，Column 6-3 を参照してほしい。

■**価　格**

　プラント輸出における契約金額の決定方法として，**定額方式**（lump sum），**単価方式**（unit price），**実費補償方式**（cost plus fee）がある。定額方式は，契約締結時に契約価格を固定するものであり，総費用の把握がしやすく発注者にとってメリットがある。単価方式は，工事に用いられる資材や労働者の賃金などをユニット毎に固定された単価として示すとともに，暫定的な数量を記載するものであり，実際に必要な数量が契約締結時に把握できない際に用いられる。実費補償方式は，受注者がプラント等の完成のために実際に費やし

120　第 2 編　国際売買取引

た費用に合意された金額を利益として上乗せしたものを契約価格とするものである。この場合，基本的に受注者は実費を回収できることから，定額方式よりも受注者に有利となる。

■秘密保持（守秘義務）

　プラント内部で技術を用いて製品を生産する場合，プラントの設計書や仕様書で秘密性のある生産のノウハウが明らかになる可能性がある。このような情報は，プラント輸出契約締結前の交渉段階でも明らかになる可能性がある。したがって，取引で得られた秘密性のある情報を当事者以外に漏らさないことが，プラント輸出契約の内容（秘密保持条項）として，または交渉段階で秘密保持契約として合意されることがある。

■履 行 保 証

　プラント輸出は巨額の費用を投じて行われるため，受注者が合意した納期までにプラントを完成させて引き渡すことができないなどの義務違反を行うと，多額の損害が生じうる。発注者はこのようなリスクを低減するために，受注者に対して履行保証を要求することがある。この保証は，銀行が発行する保証状（Letter of Credit や Bond と呼ばれる）の提出を受注者に求める方法などが採られる。受注者が義務違反を行った場合，発注者が要求すれば，保証を提供する銀行は義務違反の有無を精査することなく保証状に記載の一定の額を発注者に対して支払う。仮に義務違反がなかったとしても銀行は支払いを行うため，発注者が非常に強い権限を有することになり，受注者は義務違反を防止するインセンティブが働くことになる。

■不 可 抗 力

　受注者は，期日までに仕様通りにプラントを完成させて発注者に引き渡す義務を負い，これを果たせない場合には，原則として発注者に対して履行遅延に伴う損害賠償を行う義務が生じたり，追加の

費用を負担したりしなければならない。しかし，不可抗力（Force Majeure）により債務不履行が生じる場合に，受注者に契約上の義務の履行を強制するのは不合理であることから，「不可抗力事由に該当する事象によって納期が遅れる場合は納期が延長される」といった契約条項（不可抗力条項）が挿入されるのが一般的である。

不可抗力とは，「不可抗力事由を主張する当事者のコントロールを超え，当該当事者が契約締結時に予見できなかったものであり，当該事由が生じた場合に当該当事者が合理的に避けることができなかった事象または状況のこと」などと契約書中で定義され，異常気象などの天変地異や，戦争，ストライキなどの政治的・社会的現象の例示的な列挙を伴うものもある。一方で，原材料不足や，受注者またはその下請け業者の労働力不足などの受注者側の事情については，契約で不可抗力事由から除外することもあるとされる。

不可抗力事由が認められた場合の効果については，受注者に納期延長が認められる点にとどまり，納期延長に伴って生じた追加費用は受注者が負担するとする契約内容が一般的であるとされる。

■ リスク移転

双方の契約当事者の原因でない事象によってプラント等が滅失・棄損した場合，どちらがその責任を負うのかという点については，Risk of Loss という用語が用いられる。これは，誰の負担で滅失・棄損した部分を修理してプラント等を完成させるかという問題であるので，後発的履行不能の場合にその反対給付がどのように処理されるかという問題を扱う日本の民法上の「危険負担」とは区別される。

一般的なプラント輸出契約においては，プラント等が検収を受けるまでは受注者がリスクを負うものとされる。これは，リスクはプラント等を実際に管理・支配している者に追わせるべきとするコン

122 第2編 国際売買取引

トロール権の考え方が根本にあるからとされる。

■技術移転

　プラント輸出を通じて，発注者は受注者から，プラントを稼働させて製品を生産するために必要な技術的な手順に関する知識や，その運用・メンテナンスに必要な技術的な情報やスキルを獲得することがあり，技術移転とよばれる。技術移転は，特許権等や秘密性のあるノウハウのライセンス契約，プラント輸出契約の当事者間で組成されるジョイント・ベンチャーなどの形で行われる。ライセンス契約では，特許権等やノウハウを有する受注者が発注者に対して当該権利の利用範囲を定めて利用を許諾し，発注者はそれに対して対価を支払う（**→第5章第2節**）。

Column 6-1　ノウハウの提供に関する契約条項

　ライセンス契約の対象となる特許権等は，公的機関（日本であれば特許庁）に登録することで発生する。そこで，これらの権利をライセンスする場合，その登録番号を用いれば，対象となる技術等の特定は容易である。これに対して，ノウハウは技術的知識や営業秘密，企業秘密などの情報であり，公的に登録されるわけではない。そこで，これらのライセンス契約においては，ライセンスの対象となる内容が何か，契約書に明確に記載しなければならない（たとえば，「製品Aを製造するために必要な技術的情報」など）。加えて，ノウハウは秘密性が高いことが多いため，秘密保持条項を併せて準備する必要もある。

Column 6-2　LOI（Letter of Intent）

　LOI（Letter of Intent）とは，正式な契約の締結前の交渉段階において当事者間で取り交わされる文書のことをいい，その時点までに合意された内容を明確にして当事者間の理解の齟齬を減らし，将来の契約締結を

より円滑にするものである。プラント輸出においては，発注者の希望する納期に間に合わせるために，契約締結前から受注者に作業を開始してもらう場合があり，受注者が安心して作業に取り掛かれるように LOI が作成されることがある。ただし，LOI は通常，法的拘束力がないとされるため，契約締結がなされなかったときに備えて，実行した作業に対する対価など，法的拘束力をもたらしたい事項については明確にその旨を記載する必要があることに注意するべきである（🖳6-2：LOI）。

Column 6-3　ボイラープレート条項

　契約の種類にかかわらず，英文契約書において共通して挿入される定型的な一般条項のことを，ボイラープレート条項という。例として，譲渡条項（Assignment），秘密保持条項（Confidentiality），通貨および支払条件条項（Currency and Payment Terms），完全合意条項（Entire Agreement），免責条項（Exemption），不可抗力条項（Force Majeure），ハードシップ条項（Hardship），修正条項（No Oral Amendments），分離条項（Severability），準拠法条項（Governing Law），紛争解決条項（Settlement of Dispute）などがある（🖳6-3：ボイラープレート条項サンプル）。

第 3 節　プラント輸出契約に適用される法（準拠法その他公法的規制）

　以下では，プラント輸出契約に適用される法として，準拠法およびその他の公法的規制を概観する。また，法ではないものの，契約当事者が参考とするべき標準契約約款やガイドラインについて概観する。

1　準 拠 法

　プラント輸出契約は，プラントに必要な機械などの物品の供給を
伴うため，CISG の適用範囲である「物品売買」に該当する場合が
ある。この場合，CISG の適用除外を当事者間で定めていなければ，
同条約が適用される可能性がある。もっとも，ターン・キー型や
EPC 型などでは，物品を供給する受注者の義務の主要な部分がプ
ラントの建設請負であると考えられることから，CISG の適用範囲
外であると考えられる（→**第3章**）。

　CISG が適用されない場合，プラント輸出契約に適用される準拠
法は，国際私法の準則に従って決定される。日本が法廷地となる場
合は，「法の適用に関する通則法」（通則法）に従って契約準拠法が
決定され，当該準拠法のもとで契約の解釈がなされることになる
（→**第2章**）。当事者間で準拠法合意がなされれば，当該準拠法が適
用されることになる（通則法7条・9条）。ただし，プラント輸出の
発注者が外国政府であったり，外国の入札案件に日本企業が応札す
る場合は，準拠法を当該外国法にすることが求められることが多い
とされる。

2　公法的規制

　次に，プラント輸出契約に関連する公法的規制について概観する。
公法的規制については，プラント輸出契約の当事者が所在する輸出
国および発注者が指定する輸入国双方の規制のほかに，製品の原産
国などの第三国の規制についても留意する必要がある。

■**安全保障貿易管理**
　日本などの主要先進国では，武器や兵器などの軍事品への転用可

能な貨物や技術がテロリスト等に渡ることによって当該国や国際社会の安全性が脅かされることを防ぐため，国際的な輸出管理レジームを策定し，協調して貿易管理を行っている。日本では，これらの国際的な輸出管理レジームが公表している規制対象品目に基づき，外為法によって，厳格な貿易管理が実施されている。プラント輸出では，輸出される物品や技術に軍事転用可能なものも含まれる可能性があり，関連各国の貿易管理の遵守が求められる。

(a) **国際輸出管理レジーム**　　国際輸出管理レジームは先進国が中心となって策定されている。主なものとして，①原子力関連を規制する「原子力供給国グループ」（NSG），②生物・化学兵器を規制する「オーストラリア・グループ」（AG），③ミサイル関連を規制する「ミサイル技術管理レジーム」（MTCR），④通常兵器関連を規制する「ワッセナー・アレンジメント」（WA）がある（🌐6-4：国際輸出管理レジーム）。

(b) **「リスト規制」と「キャッチオール規制」**　　輸出規制の方法として，**「リスト規制」**と**「キャッチオール規制」**がある。「リスト規制」とは，リストアップされた貨物や役務について，仕向地を問わず規制の対象とするものであり，「キャッチオール規制」は，リスト規制以外の貨物・役務であったとしても，輸出先の使用目的や使用者によって規制の対象とするものである。

(c) **外国為替及び外国貿易法（外為法）**　　外為法は，対外取引の正常な発展，わが国や国際社会の平和・安全の維持などを目的に，外国為替や外国貿易などの対外取引の管理や調整を行うための法律である。日本が輸出国となる場合には，同法に基づき，武器や兵器などの軍事品への転用可能な特定の貨物や役務の輸出，または，特定の国・地域を仕向地とする貨物や役務の輸出などを行うときには，経済産業大臣の許可や承認が必要となる。

126　　第 2 編　国際売買取引

経済産業大臣の許可または承認が必要な具体的な範囲については，外為法に基づき政令が詳細に規定している。すなわち，貨物については外為法 48 条に基づき**輸出貿易管理令**（輸出令）が，役務については外為法 25 条に基づき**外国為替令**（外為令）が，それぞれ別表で詳細に定めており，リスト規制およびキャッチオール規制を実施している。ただし，輸出管理を厳格に実施していると認められる国（輸出令別表第 3 に掲げる国：ホワイト国）については，キャッチオール規制の対象外とされている。

(d) **米国輸出管理規制**　　輸出入国以外の第三国の規制も適用される場合がある。たとえば，米国における輸出管理規制は，米国からの輸出にとどまらず，米国以外から再輸出される場合でも，輸出される貨物または技術が米国製であれば，規制の対象となる。具体的な規則として「米国輸出管理規則（Export Administration Regulation: EAR）」などがあり，プラント輸出の際にこれらの規制の対象となるか確認するべきである。

■**競争法，税法**

プラント輸出にあたっては，関係各国の競争法や税法などが適用される可能性があるため，これらを遵守する必要がある。競争法については**第 11 章第 1 節**，国際的な課税の問題については，**第 9 章**を参照。

■**労働法，環境法**

プラントの建設地の労働法や環境法など，契約準拠法にかかわらず適用される強行法についても，十分に留意する必要がある。

3　標準契約約款・ガイドライン

プラント輸出契約に適用される統一法は存在しないため，個別の

第 6 章　プラント輸出　　**127**

契約内容が重要となるが，民間団体が作成する標準契約約款などが公表されており，これらに依拠しながら契約書を作成することが可能である。最近は国内事案でも国際的な標準契約約款が用いられる事例が増えているとされ，これらには，国際コンサルティング・エンジニア連盟（FIDIC）が策定する標準契約約款などがある。また，国連国際商取引法委員会（UNCITRAL）は，「工業施設建設のための国際契約作成に関するリーガルガイド」を 1988 年に作成しており，プラント輸出契約の複雑性に鑑みて，発生しうる法的問題を特定し，取り得る解決策を提示している。さらに，日本国内の業界団体が作成したものとして，一般財団法人エンジニアリング協会（ENAA）が策定する標準契約約款などがある。

第 3 編
国際事業展開

Introduction

　現代における企業は，国際物品売買といった単純な取引を超えて，海外を含めたグローバルな事業展開によって自社の製品やサービスを世界的に提供しようとしている。

　このため第 7 章では，海外進出の方法の 1 つとしての海外代理店・販売店の設置の際の国際的な法的規律について解説する。

　他方，もう 1 つの方法としては，海外における支店・子会社の設立がある。そこで第 8 章では，会社法に関する国際的規律について説明する。

　また，事業展開が国際化すると，各国で生じた収益につきどのように課税がなされるかという国際課税の問題にも対処しなければならなくなる。そのため第 9 章では，国際課税に関する法的規律について解説する。

　さらに，事業展開の国際化は，単なる売買代金の国際決済を超えて，複雑な金融取引を国際的に行う必要をも発生させる。そこで第 10 章では，国際的な金融取引を巡る法的規律に関して説明する。

第**7**章
代理店・販売店

本章は，海外進出の方法として有力な選択肢の一つである，代理店契約や販売店契約の内容や規律を扱う。代理店や販売店は，商品の供給者に対して弱い立場に置かれるため，これらを保護する法制を置く国も多い。また，代理店や販売店による競合品の取扱いが制限されるなど，競争法上の問題が生じるような取決めがなされることもある。そのため，代理店・販売店契約を締結する際には，関連する国の代理店保護法制や競争法上の制限にも気を配る必要がある。

◎ 第1節　代理店・販売店契約

1　代理店・販売店契約とは

■国際取引における代理店・販売店

　代理店・販売店とは，一般に，継続的な契約関係に基づき，ある事業者の商品について，その販売や仲介などを行う事業者のことである。メーカーなどの企業が外国の市場を開拓しようとする場合，現地の業者をこのような代理店・販売店とし，それらの者に自社商品を販売してもらうという手法が有力な選択肢の一つとなる。販売先の外国に支店や現地法人などの拠点を作り，販売網を一から構築

130　　第3編　国際事業展開

することも考えられるが，これには時間も費用もかかり，新規参入のハードルは高い。これに対して，現地企業を代理店や販売店とすれば，投資費用もほとんどかからず，すでに代理店・販売店が有している販売網を利用できるというメリットがある。

Column 7-1　フランチャイズ契約

　フランチャイズ契約は，フランチャイザー（本部）がフランチャイジー（加盟者）に対して，特定の商標やサービスマークの使用許諾，事業のノウハウの提供，商品の供給などの包括的な援助を与え，販売店が一定の金銭を支払う契約である。本部による支配の強い販売店契約の一種ともいえるが，上記の通り，商標等の使用許諾，技術指導や技術援助なども契約内容に含んでいるため，技術移転契約の一種ともいえる。

　フランチャイズ契約においては，加盟者に開示された営業秘密の保護や第三者に対する統一したイメージの確保等のために，本部が加盟者に対し，商品や原材料等の注文先を指定したり，販売方法や価格等に制限を課したりすることが多く，これらの行為が加盟者に対して不当に不利益を与える場合もある。そのような場合には，本部と加盟者の間の取引について，競争法上の問題が生じる。より具体的に，どのような行為が日本の独占禁止法上問題となるか（たとえば，いかなる行為が優越的地位の濫用〔2条9項5号〕に該当するか）については，公正取引委員会から，「フランチャイズ・システムに関する独占禁止法上の考え方」という指針が公表されている（🔍7-1）。

■代理店契約と販売店契約の違い

　代理店契約も**販売店契約**も，商品の供給者（supplier）が，自己の商品の販売を他の事業者に任せるという点では共通しているが，その契約の意義や当事者の関係性は異なっている。代理店（agent）は，一般に，供給者から代理権を付与された代理人として，供給者と顧

第7章　代理店・販売店　　**131**

客との間の売買を媒介し，その手数料を報酬として得る。この場合，商品の売買契約は，供給者と顧客の間に成立するため，たとえば，顧客が支払い不能になるリスクは，供給者が負うことになる。これに対して，販売店（distributor）は，商品を供給者から購入した上で，顧客に対してその商品を販売する。つまり，供給者と販売店，販売店と顧客との間に，それぞれ売買契約が成立するため，販売店は，自らのリスクで商品を販売し，代金を回収しなければならない。

■**代理店契約と販売店契約の区別の重要性**

このような違いがあることから，実務上，代理店契約と販売店契約を混同しないことが重要である。いずれの契約であるかにより，供給者が負う義務やリスク（とくに，顧客から売買代金を回収する義務や顧客が支払わないことによるリスクを負うか否か）が異なることに加え，以下で見る代理店保護法の適用の有無が左右されることもある（→**第2節**）。たとえば，EUにおいては，一般に代理店の方が販売店よりも経済的に弱い立場にあり，保護の要請が高いとの考えから，代理店契約についてのみ特別な規制を定め，販売店契約については特段の定めを置かない傾向にあるとされる（もっとも，そのような国でも，代理店に関する規定が販売店に準用ないし類推適用されることがある点には留意が必要である）。

日本では「販売代理店契約」のような名称が用いられることもあるが，契約を締結する際には，それが代理店契約と販売店契約のいずれであるのか，契約書の中で明確に規定すべきである。

2 代理店・販売店契約の内容

■**主要な契約条項**

代理店・販売店契約の主な契約条項としては，①代理店や販売店

132 第3編 国際事業展開

を指名する条項，②対象となる商品を指定する条項，③販売代理権や販売権を付与する地域を規定する条項，④競合品の取扱制限や最低販売数量・最低購入数量，報告義務等，代理店・販売店の義務についての条項，⑤商品の供給，代理店・販売店への協力，手数料の支払い等に関する，供給者の義務についての条項，⑥契約期間とその更新，解除等に関する条項，⑦秘密保持に関する条項などが挙げられる（🖥7-2：契約書サンプル）。

　代理店・販売店契約は継続的な契約であり，とくに物品売買の販売店契約の場合には，この基本契約に基づいて，個別の売買契約が反復継続して締結されることになる。

■**独占的販売権**

　供給者が，代理店契約や販売店契約を締結するにあたり，その代理店や販売店に対し，販売地域における独占的な代理権や販売権を付与することがある。このような独占的権利を付与された代理店のことを独占的代理店（exclusive agent），販売店のことを独占的販売店，一手販売店（exclusive distributor）などと呼ぶ。日本においては，独占的販売店のことを指して，**総代理店**と呼ぶことも多い。

　独占的販売権を設定した場合，供給者は，その販売地域について他の代理店や販売店を指名することができず，契約内容によっては供給者自身による販売も行うことができないため，その独占的販売店に義務を負わせて商品の売上を確保する必要性が高くなる。そのため，通常，独占的販売権を販売店に付与する際には，最低購入数量を定め，これを達成できない場合には契約解除や損害賠償のような制裁を課している。また，供給者が，独占的販売店に対し，自己の商品と同様または類似の商品の取扱いを禁止する旨の条項を求めることもある。もっとも，このような競合品の制限は，以下で見る競争法上の問題を生じさせることもあるため，注意が必要である。

第 7 章　代理店・販売店　　**133**

第2節　代理店・販売店契約の準拠法と保護立法

1　代理店・販売店契約の準拠法

■代理店・販売店契約における当事者による準拠法の選択

　代理店・販売店契約の成立や，契約から生じる当事者の権利義務に関する問題（代理店や販売店が義務違反をした場合の損害賠償の範囲，供給者からの解約申入れや更新拒絶の有効性など）には，原則として，その契約の準拠法が適用される。契約準拠法は，日本においては，通則法7条以下により定められる（→**第2章第2節**）。したがって，代理店・販売店契約を締結する際に，当事者間で準拠法を選択していれば（たとえば，契約書に準拠法条項を置いた場合），その法が準拠法として，当事者間の関係を規律することになる。

■当事者による準拠法選択がない場合

　当事者間で準拠法の合意が明示的にも黙示的にもなされていない場合，契約の最密接関係地法が準拠法になるが（通則法8条1項），このとき，特徴的給付を行う当事者の常居所地法（関係する事業所の所在地法）が，最密接関係地法と推定される（同条2項）。代理店・販売店契約において特徴的給付を行うのがいずれの当事者かについては，議論がある。たとえば，販売店契約について，売買契約のように，供給者が物品を供給し，販売店が代金を支払うという関係にあることを考慮すれば，供給者が特徴的給付を行うと考えることができる。これに対して，販売店契約では，販売店が行う販売行為の成功に関心が向いており，販売店に対して販売地域の指定や競合品の取扱いの制限がなされることなどから，販売店の義務に重心があるとして，販売店が特徴的給付を行うとする見解もある。いずれの立場によるとしても，通則法8条2項により定まる法は最密接関係

134　　第3編　国際事業展開

地法と推定されるにすぎず，事案の具体的な事情に応じて，推定が覆されることもある。

　なお，代理店・販売店契約そのものは，通常，物品の売買契約ではないため，CISG（→第3章）の適用はない。しかし，販売店契約を基本契約として，供給者が販売店へと物品を供給するために締結される個別の売買契約には，CISGの適用がありうることに留意する必要がある。

■公法的規制や代理店・販売店保護法制の強行的適用

　以上のように代理店・販売店契約の準拠法が決定されたとしても，必ずしもその法のみによって契約が規律されるわけではなく，法廷地や代理店・販売店が活動する現地の法（とくにその地の代理店・販売店保護法上の規定や公法的規制）が強行的に適用されることもありうる。したがって，準拠法として指定される法にのみ気を配ればよいわけではなく，それらの地の代理店・販売店の保護法制や公法的規制についても前もって調査すべきである。たとえば，外国の供給者と日本の販売店との間の契約が問題となる場合，外国法が販売店契約の準拠法になっているとしても，日本の独占禁止法上の規定が公法的規制（→第1章第5節）として適用される可能性がある。

2　代理店・販売店の保護法制

■代理店・販売店が保護される理由

　代理店・販売店は，自ら費用や労力を投下し，供給者の商品の販路を築いていくことになろう。また，代理店・販売店は，供給者から競合品の取扱いを制限されることも多く，その場合にはとりわけ，特定の供給者に対する経済的な従属性が高くなる。それにもかかわらず，供給者が一方的に代理店・販売店契約を打ち切り，商品の供

給が止まれば，代理店・販売店は営業を続けられなくなってしまう。それどころか，代理店・販売店が販路を築き上げたところで契約を打ち切り，供給者が自ら支店や子会社などの拠点を作って現地に参入することで，代理店・販売店の努力に供給者がただ乗りすることも考えられる。このように，代理店・販売店が供給者に経済的に従属し，より弱い立場に置かれるであろうことを考慮して，代理店や販売店を保護する法制を置く国も多い。

■ 代理店・販売店を保護する法

　上記の理由から，とくに代理店・販売店契約の終了に関して，代理店・販売店を保護する国が多い。たとえば，EU では 1986 年に代理商に関する指令 (86/653/EEC) (⑳7-3：英語版) が作成され，EU 構成国はこの指令に応じた国内法を制定している。この指令によれば，代理店は，原則として，代理店契約の終了後，供給者から一定の補償を受けることができ，さらに，供給者に対して，代理店契約の終了により生じた損害の賠償も請求できる (17 条)。また，期間の定めのない代理店契約が終了する際の通知についても定められており，契約期間に応じて通知期間が延長されている (15 条)。その他，中東諸国においては，一般に，代理店の登録が求められ，登録された代理店に独占権が認められたり，契約の終了に制限が課されたりする場合がある。

　日本でも，代理店や販売店につき，裁判例において一定の保護がなされてきた（たとえば，期間の定めがある販売店契約の更新拒絶を制限した札幌高決昭和 62 年 9 月 30 日判時 1258 号 76 頁や，解約にあたり予告期間を設けるかその期間に相当する損失の補償を要するとした東京地判平成 22 年 7 月 30 日判時 2118 号 45 頁等がある）。それでも，国際的な代理店・販売店契約を締結する際には，日本に比して代理店や販売店の保護が厳格な国も多いことを意識すべきであろう。

3　代理店・販売店契約と競争法上の制限

■代理店・販売店契約における競争法上の問題

　上記の通り，代理店・販売店契約（とくに独占的な代理権・販売権を付与する場合）においては，単に代理権・販売権を代理店・販売店に付与するだけではなく，その販売方法や付随する義務についても取決めをする。しかし，その内容によっては，それらの取決めが市場における公正かつ自由な競争を阻害するかもしれない。たとえば，供給者が，販売権を付与する地域の制限，競合品の取扱いの禁止，再販売価格の維持，一定数量購入の義務などを販売店に課す場合，競争法違反が生じる可能性がある。したがって，これらの契約を締結する際には，関連する国の競争法にも気を配らなければならない（競争法および独占禁止法については，**第11章第1節**参照）。

■日本の独占禁止法の制限

　たとえば，日本の独占禁止法においては，販売店契約の中で規定される事項が，主に「不公正な取引方法」として問題になりうる（独占禁止法19条・2条9項）。また，公正取引委員会の「流通・取引慣行に関する独占禁止法上の指針」（🖳7-4）において，より具体的に，独占禁止法上問題となる事項が示されている。例として，総代理店に対する競争品の取扱制限（同法2条9項6号，不公正な取引方法〔一般指定〕等）との関係では，供給者が契約終了後において販売店の競争品の取扱いを制限することは，原則として独占禁止法上問題となるとされている。他方，契約期間中における競争品の取扱いの制限で，すでに販売店が取り扱っている競争品の取扱いを制限するものでない場合は，原則として独占禁止法上問題にならないとされる。

第7章　代理店・販売店　　**137**

第8章
国際取引と会社

人間が生まれてから亡くなるまでのように，会社も設立から消滅までさまざまなルールがある。①会社設立により，この世に登場し，②合弁・M&A・投資により，海外進出や会社同士の合併・提携などを行い，③倒産により，消滅や再生をする場合がある。また，国際取引の当事者は，個人と会社などであるが，会社が契約当事者などの中心的な役割を担っている。企業活動の国際化を背景に，各国の企業は，国境を越えて多様なビジネスを展開しており，国内取引と国際取引とは異なる法の適用の問題を生じる。

● 第1節　会社の種類と法人をめぐる法の適用関係

国際取引を行う際に，日本法人が海外を念頭に置くと，外国の会社法などの規制を考慮する必要がある。他方で，外国法人が日本を想定すると，日本の会社法の外国会社や擬似外国会社の規制に直面する。ここでは，後者の場合を念頭に，日本の会社法などの規制について概観する。

1 設立準拠法

■会社設立と設立準拠法

まず、会社を誕生させる場合、会社を設立する必要がある。そこで、会社には、どこの国の法律が適用されるのか。会社は、ある国の法に従って法人格が付与され、企業活動をするための組織や機関なども、ある国の法に従う。わが国における昨今の会社法改正や準拠法決定に関する通則法改正では、この点に関し明文規定を設けていない。そこで、解釈で判断されることになるが、会社を設立する時に準拠する法律として選択した国の法を適用する「**設立準拠法**主義」が世界的に広く受け入れられており、わが国においても通説・判例である（東京地判平成4年1月28日判時1437号122頁［百選19事件］など）。

2 外国会社と擬似外国会社の規制

■外 国 会 社

日本の会社法における「会社」とは同法に基づいて設立されたものであり（2条1号）、株式会社・合名会社・合資会社・合同会社の4種類がある。これに対し、外国の法令に準拠して設立された「会社」と同種・類似のものを「**外国会社**」という（同条2号）。

わが国において、外国会社が日本で企業活動を行う場合、日本法の下で、あらためて法人格が承認される必要がある。わが国の民法は、外国会社について、国や国の行政区画と同様に、その成立を認許する（民法35条1項）。認許された外国会社は、日本において成立する同種の会社と同一の私権を有する（同条2項）。

外国会社が日本において継続的に取引をする場合、日本における

第8章 国際取引と会社 **139**

代表者を定め（会社法817条），外国会社の登記をする必要がある（同法933条）。外国会社の登記をするまでは，日本国内において継続的に取引を行えない（同法818条1項）。登記をせずに継続的に取引をした者は，会社設立の登録免許税に相当する過料に処せられる（同法979条2項）。

■擬似外国会社

外国会社の中で，日本に本店を置くか，日本で事業を行うことを主な目的とする外国会社のことを「**擬似外国会社**」という。このような外国会社は，日本法の適用を回避する目的で，意図的・詐欺的・濫用的に外国法に準拠して設立されたものといえ，一種の脱法的行為である。そこで，これを防止するために，擬似外国会社については，法人格は認められるものの，日本での継続的な取引はできない（会社法821条1項）。それにもかかわらず，取引が行われた場合，違反した会社代表者などは，取引相手方に対し外国会社と連帯して取引から生じた債務を弁済する責任を負う（同法821条2項）。

■**外国会社に対する公法上の規制**

外為法上の外資規制（対内直接投資などの規制）に加えて，個別業法の中で，外国会社や外国資本に対する出資規制などがある（本章**第4節1**も参照）。たとえば，金融商品取引法，NTT法，放送法，船舶法，航空法などが挙げられる。これらの法律の規制対象である分野においては，外国会社などのわが国への参入が制限されている（**第1章第2節1**も参照）。

| Column 8-1 | 海外IT事業者である外国会社の事例 |

Google・Microsoft・X（旧Twitter）といった海外IT事業者は，法人税の負担を回避するため，かつて日本における外国会社としての登記を

140　第3編　国際事業展開

避けてきた。このため，これらの外国会社のサービスを使う日本の企業や消費者は，トラブルがあっても国内での法的救済が難しい状況にあった。外国会社が日本で登記を行っていれば，たとえば，インターネットで中傷を受けた被害者が，加害者の情報開示や削除要請などを求める裁判を起こす際に，国内の代表者に訴状を送ることで足りる。しかし，日本での登記がなされていない場合，海外にまで訴状を送る必要があり，手間や時間がかかっていた。その後，国税庁が，一定の条件のもとで日本での登記を行った外国会社には法人税を課さない方針を示すことで，海外 IT 事業者が日本での登記を行うようになり，会社法違反の状況は解消したが，海外 IT 事業者に各国の課税権が及ばない問題は依然として残っている。

◉ 第 2 節　子会社・合弁企業の設立

■海外進出の形態

　企業が海外に進出する場合，当該外国に自社の支店や事業所を設置する方法に加えて，(i) 外国子会社を設立する，(ii) 合弁企業を設立する，(iii) 外国法人を買収する，(iv) 外国法人に出資や融資をするなどの方法がある。ここでは，典型的な外国への投資（対外直接投資）である (i) と (ii) を取り上げて，(iii) を**第 3 節**，(iv) を**第 4 節**で言及する。

■外国子会社の設立と合弁（joint venture）

　海外に進出しようとする企業が，現地において全額出資の完全子会社を設立する場合，当該外国の会社法の規律に従うことになる。

　これに対し，複数の企業が一定の企業活動を行うために共同で出資することもある（**合弁**〔joint venture〕）。その際に，共同で出資して現地に新たな会社を設立する場合には，当該外国の会社法の規律に従うことになる。それとともに，共同で事業を行う当事者は「合

第 8 章　国際取引と会社　　**141**

弁契約」（🖼8-1：契約書サンプル）を締結し，事業の目的や内容，出資の方法と比率，秘密保持，事業の執行方法と役割分担，株主総会や取締役会の権限分配，利益配分，資金調達，契約の変更・終了などを定める。当該契約については，契約準拠法の規律に従うが，当該外国の会社法上の強行法規に反することはできない。

もっとも，共同事業の当事者間で（新たな会社を設立せずに）組合のような形で事業を行う場合がある。この場合には，契約により事業展開の内容・方法につきすべてを定めることになり，当該契約は契約準拠法の規律に従う。

なお，進出先の国によっては，外資規制により，外資比率が制限される場合もある。仮に外資比率が50％に制限されるとき，各企業がそれぞれ50％を出資したことで，後に経営をめぐって争いがある場合などに，どちらも株式の過半数を握れないことから，運営が停滞する事態の生じることが実務上問題とされる。

■**外為法と親会社の会社法**

外国に子会社を設立する場合などにおいて，わが国の外為法の適用もある（外為法23条）。すなわち，日本経済の円滑な運営に著しい悪影響を及ぼす場合などに，対外直接投資の内容や実行の時期などを財務大臣に届出をする必要がある。

また，子会社の会社法に加えて，親会社の会社法の適用を受ける場合もある。たとえば，親会社との連結決算や親会社の監査役による調査などが挙げられる。

第3節　M&A

1　概　要

■M&A とは

　合併・買収（Mergers and Acquisitions）の略語であり，企業やその事業の全部・一部の移転を伴う経営支配権を取得する取引である。M&A は，事業領域や海外販路の拡大，業界再編に備えた経営基盤の強化・高度化，事業承継による後継者問題の解決など，企業の課題解決の実現に有効な手段である。

　企業買収には，友好的買収と敵対的買収（同意なき買収）がある。実務上は友好的買収が圧倒的に多いが，敵対的買収が行われる場合もある。わが国において，かつてはあまり M&A が盛んではなく，M&A の手法も限られていたが，敵対的買収と買収防衛策（買収への対応方針）の注目を浴びる案件が増えてきた。このような状況により，わが国の企業買収と買収防衛策は，アメリカの影響もあり，近年，実務上・理論上で進展している。

Column 8-2　M&A 契約

　M&A 契約は，国際・国内案件にかかわらず，①交渉開始前の秘密保持契約の締結，②基本合意書の締結，③デュー・デリジェンス（資産査定など）の実施，④最終契約（株式譲渡契約・事業譲渡契約）の締結，⑤株式譲渡の取引の実行・完了（クロージング）などの順序で進む（🔗8-2：M&A 契約による買収の流れ）。④最終契約の締結の前後に，取締役会決議や株主総会決議が行われる。会社法上の組織再編行為では，株式買取請求権や債権者保護などの手続が必要になることもある。④の M&A 契約の内容としては，主に「取引実行条件」「解除」「補償」などの条項がある。

第 8 章　国際取引と会社　　**143**

2　国際 M&A における法の適用関係

■国際 M&A

　日本法人による外国法人の買収（In-Out 型）と外国法人による日本法人の買収（Out-In 型）がある。いずれの場合においても，複数の国の会社法・契約法・証券法・競争法・税法などのルールを総合的に検討する必要がある。ここでは，主に，会社法と契約法を取り上げる。

■法適用の枠組み

　取締役会や株主総会の決議のような法人組織内部の問題は，対内関係として，日本法人と外国法人それぞれの設立準拠法（会社法）が適用される。他方で，対外関係としての日本法人と外国法人の M&A 契約には，契約準拠法（契約法）が適用される。

3　国際 M&A の個別問題

■事 業 譲 渡

　製造施設など法人の事業や資産の一部の移転を伴う。対外関係である事業の移転に際する合意は，基本的に契約で定まり，契約準拠法が適用される。また，法人内部の株主などを保護するため，日本法人と外国法人それぞれの会社法上の手続も必要であり，これについては，それぞれの設立準拠法が適用される。ただし，事業譲渡では，それぞれの株主が保有する株式の移転を伴わず，株主構成に影響は及ばない。

■組 織 再 編

　基本的に，株主が保有する株式の移転を伴い，株主構成に影響が及ぶ。国際組織再編の局面で，日本法人と外国法人の直接的な国際

144　　第 3 編　国際事業展開

合併や国際株式交換を想定する場合，対外関係である株式の移転などに関する合意については，その契約準拠法により規律されることになる。他方，対内関係については，日本法人・外国法人それぞれにつき，それぞれの設立準拠法において合併や株式交換の際に求められる手続をそれぞれに履践する必要がある（配分的適用）。しかし，異なる国の法の間において齟齬が生じる可能性は否定できず，実務上，不透明な部分が少なくはない。

そこで，国際組織再編の間接的な手法として，買収対象となる法人の所在する国に自らの100％子会社を設立し，その子会社と買収の対象となる法人の間で合併や株式交換をする（その場合，二つの法人の対内関係に適用される設立準拠法は，同一の国の法となる）手法が実務上は現実的ということになる（その結果として，買収の対象となる法人は，自らの子会社や孫会社として組織に組み込まれることになる）。

なお，買収対象法人の株主に交付する対価として現金しか用いることができないとすると，大量の資金を準備しない限りM&Aはできないということになる。しかし，それではM&Aのコストがあまりにかかりすぎるため，設立準拠法が許す限りにおいて，外国法人である親会社の株式を買収の対価として，買収対象会社の株主に交付する手法が用いられる場合もある（**三角合併**・三角株式交換）。

In-Out型については，たとえば，DeNAによる米国ngmocoの買収における三角合併などの事例がある。Out-In型については，たとえば，米国Citigroupによる日興コーディアルグループの買収における三角株式交換などの事例がある。

◉ 第4節　国際投資に関する法

国際取引の中でも，国際投資は，貿易などと同じく重要な領域で

第8章　国際取引と会社　**145**

あり，ますます総額も増えてきている。海外に進出する企業にとって，進出先の国が，外国法人などによる投資にどのような政策をとっているかは重要な問題である。そこで，まず，国際投資の基本的な内容を理解した上で，国際投資の保護について見ていく。

1　国 際 投 資

■国際投資とは

　投資とは，利益を得るために資金を投入することをいう。その中でも，とくに国境を越えるものを**国際投資**という。そこでは，投資する者の所属する国（投資国）と投資を受け入れる国（投資受入国・ホスト国）の法規制や経済政策などに影響を受ける。

■国際投資とカントリーリスク

　新興国などによる外国資本の導入は，自国の経済活動を活発化するなどのメリットも大きい。ただし，進出先の国によっては，産業全体や特定企業などをターゲットにした国有化リスクを伴う場合もある。国際的な政治情勢や進出先の国の思惑などによって，企業が翻弄されるカントリーリスクを意識する必要がある（⑩8-3：カントリーリスク参考情報）。この国有化とは，国家が個人や法人の国内財産を強制的に取得することである。そこで，外国人投資家などにとっては，自身が投資した財産が国有化されたときに，どのような補償を受けることができるかが重要である。

■国際投資の形態

　国際投資は，直接投資と間接投資に分けられる。**直接投資**とは，持続的な経済関係を確立するために，投資先事業の経営支配を目的として企業活動を行う場合である。たとえば，海外に支店や工場を設置する場合，経営参加の目的で外国会社の株式を取得する場合な

146　第3編　国際事業展開

どがある（外為法23条2項）。

これに対して，**間接投資**とは，資金の効率的な運用により，投資家による利息や配当を得る目的で有価証券に投資する場合などである。たとえば，国際的な金銭の貸付，配当を目的とする外国会社の株式取得などがある。

■**国際投資と外為法**

わが国への投資（対内直接投資）は，国家の安全保障や公の秩序の維持などにかかわる場合を除いて，原則として自由である（ただし，事前の届出が必要な場合がある）。ただし，外国法人による対内直接投資などについて，投資内容の変更や中止を勧告できる場合もある（外為法27条）。

2　国際投資保護

国際投資に関する国際的な取決めとしては，二国間のものと多国間のものがある（🔲8-4：投資協定一覧）。まず，二国間としては，通商航海条約，投資保護協定，租税条約などがある。そこでは，投資財産の保護，投資自由化，最恵国待遇，国有化の場合の補償方法，投資紛争の解決手続の仲裁などを定める。このうち国際投資保護協定は，海外への投資企業や投資財産を保護するための国際協定であり，進出先の国で直面するさまざまな問題を解決する手段の1つである。外国に投資を行う投資家は，投資受入国との関係において紛争が生じた場合に，国際投資仲裁に国際投資保護協定の違反を申し立てられる。

また，2つ目の類型の多国間としては，投資紛争解決条約やOECDの国際投資及び多国籍企業に関する宣言などがある。

国際投資に関連する紛争は，投資紛争解決国際センター（ICSID）

第8章　国際取引と会社　**147**

を利用し，仲裁により解決されることが多い。これについては，**第15 章 Column 15-4 参照**。

◉ 第 5 節　会社の消滅と再生

　企業が海外に進出した場合，ビジネスが必ずしも成功せずに，現地からの撤退を行うことなどもある。その際には，どのようなルールが存在するのか。ここでは，まず，解散と清算に関わる国内の枠組みを紹介し，その次に，国際倒産の議論を概観する。

1　解散と清算

　解散とは，株式会社の法人格の消滅原因となる事由である（会社法 471 条）。清算は，解散した会社の法律関係の後始末をするための手続である。会社の法人格は，解散によって直ちに消滅するわけではなく，解散に続く清算の手続により消滅する。

　わが国における法的な倒産手続としては，4 種類の方法がある。①特別清算（会社法 510 条～574 条），②破産（破産法），③民事再生（民事再生法），④会社更生（会社更生法）である。①特別清算と④会社更生は，株式会社のみが利用でき，②破産と③民事再生は，自然人を含めてすべての債務者が利用できる。

　これらの他にも，倒産状態にある会社において，経営者と会社債権者が協議して，事業の再生や清算を決める私的整理がある。倒産事例では，時間・費用・融通性の観点から，私的整理が行われる場合も多い。

148　第 3 編　国際事業展開

2　国 際 倒 産

■総　論

　国際的に活動する企業が倒産するとき，どこでどのように手続を進めていくことになるだろうか。たとえば，日本国内に財産を有する外国会社が倒産し，その財産が日本の債権者に差し押さえられる場合や，逆に日本の会社が外国に財産を有したまま倒産する場合などに，このような問題が生じる。

　わが国は，倒産手続に関する二国間条約や多国間条約を締結していない。ただし，わが国の国際倒産をめぐる法整備は，国際連合国際商取引法委員会（UNCITRAL）のモデル法を参考にして，平成12年，国際管轄権を含む破産法などの規定を改正し，外国倒産処理手続の承認援助に関する法律（**承認援助法**）を制定することによって行われた。

■国際倒産とわが国の倒産法制

　現在，日本の倒産法上，わが国の手続の効果は債務者の外国財産に及び（日本の倒産手続の対外的効力），一定の外国手続についてわが国で効力を承認し，これを援助する手続などがある（外国の倒産手続の対内的効力）。わが国の国際倒産に関する手続は，主に破産法・民事再生法・会社更生法・承認援助法で定められている。国際倒産の局面では，債務者の住所地・営業所在地・財産の所在地などが，いずれの国に存在し，いずれの国の法が適用されるのかなどが重要である。ここでは，主に破産法と承認援助法の規定を概観する。

■国際倒産管轄

　国際倒産について，①債務者が個人の場合には，日本に営業所・住所・居所・財産を有するとき，②債務者が法人などの場合には，日本に営業所・事務所・財産を有するときに，わが国が管轄権を有

第 8 章　国際取引と会社　　**149**

する（破産法4条）。

■国際倒産の準拠法

　会社の消滅に関する問題は，原則として，設立準拠法による。定款で定めた事由の発生や株主総会の決議で会社が消滅に至る場合などの解散事由や清算手続は，設立準拠法によって判断される。もっとも，倒産手続による会社の解散については，倒産法上の規定に従う場合もある。たとえば，会社の解散原因に破産開始決定があり，その破産が開始するかどうかは，破産法上の規定に従う。

　また，倒産手続については，「手続は法廷地法による」という原則がある。たとえば，倒産手続の開始や進行などの手続上の問題は，手続が行われる国の法（倒産手続国法）による。

■国際倒産における実体法と手続法の交錯

　他方で，実体的な問題は，準拠法を決定する必要がある。そこで，前提となる債権や物権などの成立に関しては，権利関係の準拠法による。たとえば，EU司法裁判所において，イギリス法上の倒産会社取締役の損害賠償責任に関連して，倒産準拠法と設立準拠法のいずれが適用されるか問題となったコルンハース社事件（2015年）がある。本事案において，同社はイギリスで設立されたが，ドイツで主に活動していた。そこで，ドイツ裁判所とEU裁判所において，倒産会社になった際の取締役に対する損害賠償責任が追及された。本判決では，倒産局面の取締役の損害賠償責任は，会社の内部関係ではなく，倒産手続の一部であり，倒産手続が実施されているドイツ法が適用されるとされた。このように，ある問題が実体的な問題として倒産手続の準拠法とは別に決定される準拠法によるのか，倒産手続の準拠法によるのかが問題となりえる。

■日本の倒産手続の対外的効力

　日本の倒産手続の対外的効力として，債務者の外国財産も日本の

150　　第3編　国際事業展開

倒産手続の対象になる（破産法34条）。ただし，当該外国において，日本で倒産手続を開始したことがどのように取り扱われるかは，当該外国法次第である。

■並 行 倒 産

外国で倒産手続が開始される場合に，日本でも並行して倒産手続を開始する場合がある（**並行倒産**）。この場合，外国と日本の倒産処理手続が，外国管財人との協力・連携により行われる必要がある。また，並行倒産の場合，外国で倒産処理手続が開始された場合には，倒産原因があると推定し，国内手続の開始を容易にしている（破産法17条）。

■外国倒産手続の承認援助

承認援助法では，要件を満たした外国倒産処理手続の効力を承認し，当該倒産処理手続に必要な援助を与えている。たとえば，債権者などは，債務者の日本国内における業務や財産に関し，処分や弁済の禁止を命ずることを裁判所に求めることができる（承認援助法26条）。

第8章 国際取引と会社　　**151**

第9章
国 際 課 税

　企業などが海外に進出して事業を行う場合，その事業者は，海外でも所得を得ることになる。このとき，その所得に対して日本からも課税されるのか，日本と外国から二重に課税されることはないのかは重大な関心事となろう。本章は，国際的二重課税の処理に関する問題を中心に，国際課税の仕組みを取り扱う。国際課税については，国内の租税法だけではなく，租税条約も重要な役割を果たしている。

○ 第1節　国際課税の枠組み

■国際取引と課税

　一般に，所得に対する課税には，2つのアプローチがある。1つ目は，所得を得た者が自国に居住する，あるいは自国の法人であること等に基づく課税であり，その者のすべての所得（全世界所得）に対して課税される。2つ目は，自国において所得が生じたことに基づく課税であり，自国で産み出された所得（国内源泉所得）を対象とするものである。多くの国では，この2つのアプローチが併用されているため，国際取引がなされる場合には，その主体の居住地や本拠地だけではなく，取引を行う地でも課税されることが考えられる。

152　第3編　国際事業展開

日本の租税法においても，この2つのアプローチが併用されている。たとえば，法人税法では，国内に本店または主たる事務所を有する法人を内国法人，それ以外の法人を外国法人とし（2条3号・4号），内国法人は全世界所得，外国法人は国内源泉所得に課税されている（5条・8条）。

■租税法の一方的適用と国際的二重課税

　租税法は公法（→第1章）であり，一般に，各国は，他国の租税法が適用されるか否かにかかわりなく，自国の租税法を一方的に適用する。つまり，国際的に活動する者については，複数の国の租税法が適用され，課税される可能性がある。

　その上で，上記のような課税の仕組みを前提にすると，A国に本店を有する法人がB国で活動し，所得を得ている場合，何らの調整もしなければ，B国での所得に対して，A国とB国の双方から課税されることになる。また，国によって租税法の内容が異なるため，たとえば，どのような者を内国法人とするかも国によって異なりうる。そうすると，ある法人がA国から見てもB国から見ても内国法人となり，課税の重複が生じることも考えられる。

　このような**国際的二重課税**は，以下で見る通り，国内法や租税条約によって除去されるのが通例である。国外で事業活動や投資活動を行う納税者と国内でのみ活動する納税者を課税上公平に扱い，自由な事業活動や投資活動を阻害しないようにするためである。

◉ 第2節　国際的二重課税の除去と租税条約

■国際的二重課税の除去の方法

　国際的二重課税の除去の方法には，一般に2つの類型がある。第1の方式は，外国税額控除である。この方式では，居住者や内国法

第9章　国際課税　　153

人の全世界所得を課税の対象にしつつ，外国（源泉地国）で課された税額を控除する。第2の方式は，国外所得免除である。この方式では，居住者や内国法人の外国での所得を課税の対象から除外する。日本の租税法では，基本的に，外国税額控除制度が採用されている（法人税法69条など）。

このように，各国はその国内法において，内国への居住や内国法人であることに基づく課税を一方的に差し控えることで，国際的二重課税を除去するような定めを置いている。ただし，国内法上の措置だけでは，国による税制の違いから，二重課税の除去が十分になされないこともある（たとえば，所得の源泉地の判定基準が異なる場合）。そのため，租税条約により，二重課税の除去を行うことに意義がある。

■ 租 税 条 約

　租税条約は，課税関係の安定性を確保し，国際的二重課税を除去すること，脱税や租税回避へ対応することを主な目的とするものである。2024年7月現在，日本は73本の租税条約を締結しており，80か国・地域にて適用されている。なお，その他にも，租税に関する情報交換を主たる内容とする情報交換協定や，租税に関する情報交換や租税の徴収および文書の送達について行政支援を相互に行うための多国間条約（税務行政執行共助条約）が締結されている。

　租税条約には，国際標準となる「**OECDモデル租税条約**」があり，OECD加盟国を中心に，租税条約を締結する際のモデルとなっている。日本もまた，おおむねこのモデル条約に沿った規定を採用している。OECDモデル租税条約においては，源泉地国が課税できる所得の範囲を，事業所得に対しては恒久的施設（PE）の活動により得た利得のみとすること（「PEなければ課税なし」），居住地国における二重課税の除去方法，税務当局間の相互協議により条約に適合

154　　第3編　国際事業展開

しない課税を解消することなどが定められている。また，脱税や租税回避等への対応のために，税務当局間の納税者情報の交換や滞納租税に関する徴収の相互支援なども定められている（⚙9-1：租税条約・国際税務関連情報）。

⦿ 第3節　恒久的施設（PE）

■「PE なければ課税なし」

上記の通り，OECD モデル租税条約は，自国以外の国（租税条約の相手国）で事業を営む企業について，その事業から生じる所得に対しては，**恒久的施設**（Permanent Establishment, PE）（⚙9-2）を通じて事業を行わない限り，課税されない旨を規定している。この「PE なければ課税なし」の原則は，源泉地国が事業所得に対して課税するために必要な事業活動のレベルを定めることで，国際取引に対する租税の阻害効果を軽減するものであり，国際的な課税原則の一つとなっている。

PE が国内にある場合，その事業所得に対し課税がなされるが，課税の対象となる所得の範囲について，考え方は複数ありうる。OECD モデル租税条約では，企業が PE を国内に有する場合，その PE に帰属する所得（すなわち，その PE に帰属する第三国での所得も含む）に対して課税することができるという，帰属主義が採用されている。日本の国内法では，かつては総合主義（PE に帰属するか否かにかかわりなく，すべての国内源泉所得に課税する考え方）が採られていたが，平成26年度税制改正（法人税法等の改正）により帰属主義へと変更された。

なお，投資所得（利子・配当・使用料）に対しては，上記原則とは異なり，PE の有無にかかわりなく，源泉地国において課税される。

第9章　国際課税　　**155**

OECD モデル租税条約においては，このような投資所得について，源泉地国での税率の上限や免税が設定されている。

■ 恒久的施設（PE）とは

恒久的施設（PE）は，企業がその事業の全部または一部を行っている一定の場所を指す。国内法にもその定義が置かれているが（法人税法2条12の19号，所得税法2条8の4号），租税条約にこれと異なる定めがある場合には，条約が優先する。

一般に，PE は，支店 PE，建設 PE，代理人 PE の3つに分類される。以下，国内法を前提とすると，まず，支店 PE は，外国法人や非居住者の国内にある支店のほか，事業の管理を行う場所，事務所，工場，作業場，天然資源を採取する場所などを指す。建設 PE は，外国法人等の国内にある建設，据付けの工事やこれらの指揮監督の役務の提供で，1年を超えて行う場所などをいう。代理人 PE は，外国法人等が国内に置く代理人等で，企業の名において契約を締結する権限を有し，この契約を反復して締結する者などを指す。ただし，その代理人等が，その事業に係る業務を，外国法人等に対して独立して行い，かつ，通常の方法により行う場合（すなわち，独立代理人である場合）には，原則として，代理人 PE に含まれないとされている。

| Column 9-1 | 租税回避とタックス・ヘイブン |

税制は，元来，その国の主権に委ねられているものであり，税金をどのように定めるか，税率をどうするかもその国次第である。一般に，税金のない国・地域やこれが著しく低い国・地域は**タックス・ヘイブン**（租税回避地）と呼ばれ，その税制を利用した国際的な脱税や租税回避行為がなされている。たとえば，企業がタックス・ヘイブンに子会社などを設立して所得を留保し，本国からの課税を逃れるなどの手法がとられ

156 第3編　国際事業展開

てきた。

このような国際的租税回避に対しては，OECD／G20 の枠組み（BEPS プロジェクト）(🔎9-3) において対策が検討され，対処案の合意がなされたほか，租税条約や租税に関する情報交換協定等においても，租税回避行為を防止するための情報交換が行われている。また，国内法上も，一定の条件に該当する外国子会社等（ペーパー・カンパニー等）の所得を，居住者や内国法人の所得に合算して課税するという，タックス・ヘイブン対策税制（外国子会社合算税制）が定められている（租税特別措置法 40 条の 4 以下，66 条の 6 以下）。

Column 9-2　デジタル課税

経済のデジタル化により，企業等は，ある国に恒久的施設（PE）を持たずとも，その国において事業活動を行うことが容易になった。従来の国際課税の仕組みでは，「PE なければ課税なし」とされているため，PE をもたずに事業活動を行う多国籍企業等に対して，市場となる国は課税することができない。これにより，多国籍企業等により租税回避がなされ，各国の課税権が公平に分配されないという問題が生じた。

このような状況に対応し，2021 年 10 月，OECD／G20「BEPS 包摂的枠組み」は，経済のデジタル化に伴う課税上の課題に対処するための二本の柱からなる解決案に大枠合意し，多国間条約の締結・発効を目指している。その第 1 の柱においては，いわゆる「デジタル課税」として，巨大な多国籍企業の利益の一部を，その企業の製品・サービスの消費者が所在する市場国に配分し，その利益に対する課税権を当該市場国に与えるとしている。

第 9 章　国際課税　157

第**10**章
国際金融（為替・ローン・債券）

　　本章では，国際的な金融取引と関連する法について説明する。「金融取引」が何を指すかに明確な定義はない。広義には，**第4章第3節**で取り上げた「決済」も金融取引に含まれる。

　　以下では，支払いの手段としての通貨について説明し（**第1節**），企業や国が国際的に資金調達をする場合，どのような方法により，どのような法の適用を考えなければならないのか（**第2節**）について学ぶ。

◉ 第1節　通貨・為替

■通　貨

　　国際的な取引を行う際，通常，米国ドルなど支払いの通貨が指定されている。通貨とは，流通・支払いの手段として機能するものをいう。法により支払いの手段として流通しうる力を「**強制通用力**」といい，これを有する通貨が**法定通貨**である。日本の法定通貨の単位は円である。

■為　替

　　外国の通貨を支払いの通貨として指定すると，**為替相場**（為替レート）により損失を被るおそれがある。為替相場とは，異なる通貨間の交換比率をいい，各国の金利や経済などにより変動する。たと

158　　第3編　国際事業展開

えば，1ドルが103円の時に10,000ドルの支払いを約束したとする。支払時に1ドルが153円になれば，約束時よりも50円×10,000の日本円を多く支払わねばならない。為替変動リスクに備える方法としては，将来の一定の時期に通貨を一定の相場で交換する約束をしたり（**為替予約**），将来一定の価格で通貨を売買する権利を購入したり（**通貨オプション**）等の方法がある。

外国通貨の売買は各国の法により規制されることがある。かつては日本でも外国為替及び外国貿易法により，銀行以外の者は外国通貨の売買を業務として行えなかった。しかし，社会経済情勢の変化等を受け見直され，外国為替業務に着目した規制は撤廃された。

■代用給付権

外国通貨（たとえば米国ドル）を支払いの通貨に指定したとき，日本円で支払いができるか。この問題に対しては，支払いがなされる地（履行地）の法による考え方と債権の準拠法による考え方とがある。前者はどのような履行の方法が許されるかを履行地に密接に関連する問題とし，後者は債権の実質的な内容に関する問題ととらえる。外国通貨で債権額が指定された時，日本法では，債務者は日本の通貨で弁済ができる（民法403条）。また，裁判例は，債権者にも日本円で請求する権利を認め，口頭弁論終結時の為替相場によって日本円に換算すべきとしている（最判昭和50年7月15日民集29巻6号1029頁［百選39事件］）。

Column 10-1　暗号資産（仮想通貨）

暗号資産（仮想通貨）とは，①不特定の者に対して物品やサービスの対価として使用でき，かつ，不特定の者を相手方として購入・売却できるか，または，不特定の者を相手方として他の暗号資産と相互に交換でき，②電子的に記録・移転され，③法定通貨または法定通貨建の資産ではな

第10章　国際金融（為替・ローン・債券）　**159**

い財産的価値をいう（資金決済法2条14項）。代表的なものにビットコインやイーサリアム，リップル等がある。資金決済法では，かつては「仮想通貨」と呼ばれていた。しかし，法定通貨との誤解を生じさせやすく，国際的にも crypto asset という用語が一般的に用いられることから，「暗号資産」という言葉に改められた。

　日本では，資金決済法により交換業者の登録が義務付けられ，金融商品取引法も暗号資産のデリバティブ取引等に適用される。また，犯罪収益防止法（犯罪による収益の移転防止に関する法律）は，暗号資産を用いたマネーロンダリングを規制する（犯罪収益移転法30条）。しかし，暗号資産の保有や購入・売買等の取引を私法上どのように性格づけるかは，いまだ明らかになっていない。2022年11月に暗号資産交換業を手掛ける FTX が破綻し，世界的な規制強化が進んでいる。

◉ 第2節　国際的な資金調達

■資金調達の方法

　国や会社等が国際的に資金調達を行う方法は，大きく**直接金融**と**間接金融**とに分けられる。前者は，資金を必要とする者（資金需要者）が市場から直接資金を調達し，後者は，資金需要者と資金提供者との間に第三者が介在する。代表的な間接金融の例は銀行による**ローン（貸付）**である。銀行は預金者（資金提供者）から金銭を預かり資金需要者に貸付ける。他方，直接金融では，資金需要者が債券（国債・社債等）や株式等の**証券**を発行し，資金供給者である投資家に市場で購入させ資金調達する。

　債券は，金銭の借入れという機能からローンに類似する。しかし，譲渡しやすく流通性に優れる点でローンと異なる。他方，流通性の面で株式と債券は類似する。しかし，債券と異なり，株式には返済義務がなく，会社資本や議決権の増加等を伴うため，資金調達以外

160　第3編　国際事業展開

の目的でも発行される。以下では，資金調達に特化した方法として，ローンと債券のみを対象とし説明する。

■ローン，債券に関する契約

国際的なローンや債券取引における当事者の関係は，主として契約によって規律される。また，契約準拠法を，金融問題に関する判例が集積したニューヨーク州法またはイングランド法とするのが一般的であり，そのことと連動して，紛争解決地もニューヨークまたはロンドンとすることが多い（→準拠法については**第2章**，国際紛争処理については**第14章・第15章**を参照）。契約書は，業界団体による標準化が進む。ローンに関しては LMA（Loan Market Association），LSTA（Loan Syndications and Trading Association），JSLA（Japan Syndication and Loan-trading Association）等が，証券取引に関しては ICMA（International Capital Market Association），SIFMA（Securities Industry and Financial Markets Association）等が**標準契約書を作成す**る（🖰10-1：標準契約書の例）。

■ローン，債券に関する規制

各国は，自国の金融取引に関する規制をおいている。たとえば，日本には貸付金利を規制する法として，利息制限法や出資法がある。国際的なローンに比べ，債券取引は各国法による規制の度合いが高い。国際ローンの当事者は，借入人・貸付人ともにプロであり，シンジケートローン（→本節3）のように債権の流通市場が形成される場合も参加者は限定される。これに対して，債券取引は，個人を含む多数の投資家を取引の対象とし，債券の転々流通が前提とされ，参加者は不特定である。そのため，各国法は，とくに，債券および発行者に関する情報開示義務を課す（日本では金融商品取引法）。国際的な取引にどのような規制が及ぶかは，各国法により異なる。

第10章　国際金融（為替・ローン・債券）　　**161**

1　ユーロ市場

■ユーロ市場

　国際的な資金の調達は，**ユーロ市場**でなされることが多い。ユーロ市場とは，通貨発行国外の国の金融機関に預託された通貨を取引の対象とする市場である。このとき，たとえばロンドンで預託された米国ドルはユーロ・ドルと呼ばれる。同じ「ユーロ」という言葉を用いているが，ここにいうユーロとは，欧州連合統一通貨（ユーロ）とは異なるものである。

■ユーロ債とグローバル債

　ユーロ債とは，債券発行国や取引国の通貨とは異なる国の通貨建で発行される債券をいう。これに対して，**グローバル債**とは，ユーロ市場と通貨発行国の市場とで同時に発行される債券をいう。たとえば，米国ドル建の債券が，米国内外で同時に発行されるような場合である。

■ユーロ市場の意義

　ユーロ市場での取引は，通貨発行国の金利規制や準備預金制度，預金保険制度等の規制・税制の対象外となりうる。これらの規制等に対応するコストが軽減されるため，通貨発行国内の市場と比較して，資金提供者にはより高い金利を，資金需要者にはより低い金利を提供できる。このことが，ユーロ市場を使い貸付資金の調達や債券の発行をする魅力となっている。他方で，規制や保護が及びにくいことから取引リスクも高い。

Column 10-2　国家のデフォルト

　2020 年から，レバノン，アルゼンチン，ザンビア，スリランカ，ガ

ーナといった**国家のデフォルト（債務不履行）**が続く。原因の一つは，新型コロナ禍による財政出動の増加などである。もう一つには，資金調達を米ドルで行っていたところ，ドル高により自国通貨換算での債務額が拡大したことがある。主権国家を相手に債権回収する際には，債務国以外の国の裁判所で争えるかが問題となる（**主権免除**の問題）。また，勝訴判決を得ても，債務国にある資産に執行をできないおそれがある（→**第14章第3節1**参照）。一般の会社と異なり，国家がデフォルトのみを理由に消滅するとは考えられない。したがって，多くは，国際通貨基金（IMF）や世界銀行，債権国，民間企業等で債務再編に向け協議する。スリランカの債務再編には，日本などが主導して債権国会議を立ち上げた。

2　ローン

■特徴的な契約条項

ローン契約には，貸付額や期間，金利や弁済の方法等に加え，次のような条項が含まれる。

①**前提条件**（Conditions Precedent）：契約の前提となる条件を示す。条件として求められるのは，法人格や取締役会の決議，政府の許認可を証明する文書や弁護士の意見書等である。これらの条件が整うまで，貸付人の貸出義務は生じない。

②**表明保証**（Representation & Warranties）：借主に対して，一定の事項の表明・保証を求める。一定の事項にふくまれるのは，借主の権利能力や行為能力，契約の適法性や有効性，提供する情報の正確性等であり，表明・保証した事項に違反すれば，借主は後述のとおり期限の利益を喪失する。

③**借入人の確約**（Covenants）：貸付から返済までの間に，借主に，金融機関への情報提供や財務状況を保つことなど一定の義務を課す。代表的なものには，借主が貸付人以外の第三者に担保を提供

第10章　国際金融（為替・ローン・債券）　**163**

しないこと（Negative Pledge）や，貸主の債権を他の無担保債権者の債権と同等に扱うこと（Pari passu）がある。

④**期限の利益喪失**（Event of Default）：一定の事由が生じた場合，貸主は借主に期限の利益を喪失させ，貸付金の返還を求めることができる。一定の事由には，元本や利息の不払いに加えて，前述の表明・保証や借入人確約への違反，他の債権者への債務不履行（Cross Default），破産手続の開始，その他重大な変更（Material Adverse Change）等が含まれる。

3　シンジケートローン

■シンジケートローン

　国際的なローン取引では，しばしば融資金額が大きくなる。一行のみで貸付をすると銀行の負担が増える。そこで，複数の銀行が集まり融資を行い，融資金額とリスク分配をする。これが**シンジケートローン**である。

■シンジケートローンの特徴

　シンジケートローンの特徴は次の点にある。第一に，複数の金融機関と資金調達者との取引ではあるが単一の契約により規律され，第二に，契約成立前には**アレンジャー**，成立後には**エージェント**と呼ばれる金融機関が，手数料を徴収し融資のとりまとめを行う。このため，複数の金融機関が貸付人となるが，借入人は契約条件につき，それぞれの金融機関と個別に交渉する必要はない。第三に，シンジケートローンに参加した金融機関は，貸付債権を市場で譲渡できる。これにより，参加金融機関は，自己の資産を調整したりリスクの移転をしたりできる。資金調達に金融機関が介在しながら市場を活用するため，シンジケートローンは**市場型間接金融**とも呼ばれ

164　　第3編　国際事業展開

る。

■特徴的な契約条項

シンジケートローンの契約書には，上述 2 の条項に加え，次の契約条項がみられる。第一に，参加した金融機関（貸付人）は，借入人に対して別個独立に権利を有し義務を負うとする条項である。これにより，同一の契約に従いシンジケートに参加はしても，債権債務関係は個々の貸付人と借入人との間にそれぞれ存在する。第二に，アレンジャーとエージェントの役割に関する条項である。通常の契約では，アレンジャーは借入人の代理人，エージェントは貸付人の代理人であり，明記される以上の義務は負わないとされる。しかし，アレンジャーとエージェントは，自らも貸付人となるのが通常であり，他の貸付人との関係が問題になる（最判平成 24 年 11 月 27 日判時 2175 号 15 頁参照）。第三に，債権の譲渡に関する詳細な規定である。貸付人・借入人の一対一のローンでは，債権譲渡がされることは多くない。しかし，シンジケートローンでは，貸付債権の譲渡が前提とされる。したがって，譲渡の手続や譲受人の範囲などについて詳細な規定がされる（図 10-1）。

4　債　券

■債券発行の関係者

債券による資金調達は，ローンよりも仕組みが複雑になり関係者が増える。すなわち，債券の発行者（資金調達者）と投資家（資金提供者）に加え，発行者に代わって債券発行の財務・発行・支払いを行う者，投資家への勧誘・販売を行う者，債券保有者のために債券の管理を行う者等が必要になる。

図 10-1　シンジケートローンの例

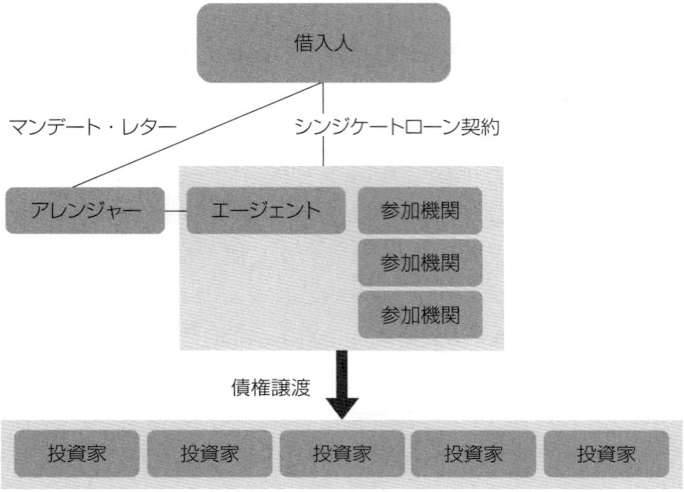

借入人

マンデート・レター　　　シンジケートローン契約

アレンジャー　　エージェント　　参加機関

参加機関

参加機関

債権譲渡

投資家　　投資家　　投資家　　投資家　　投資家

■債券発行の手続

　一般的な債券の市場は，債券の発行に関わる**プライマリー市場**と，発行後の流通に関わる**セカンダリー市場**との2つに分けられる。また，債券発行の手続は，大きく4つのステップからなる。

ステップ1：マンデート・レター　　発行者が債券の発行条件等を検討し，主幹事（Lead Manager）に債券発行のとりまとめを委託する。主幹事は銀行や証券会社の中から選ばれ，委託はマンデート・レター（Mandate Letter）によりされる。

ステップ2：シンジケートの組成　　主幹事が，債券発行の予定や条件等を公表し，幹事ら（Managers）による引受シンジケート（Underwriting Syndicate）を組成する。幹事らは，投資家の勧誘を開始する。

ステップ3：調印・クロージング　　調印日（Signing Day）に，幹事

らは引受契約（Subscription Agreement）に署名し，売れ残った場合等の引受けを合意する。その後，クロージング日（Closing Day）に，投資家は債券の引渡しを受け代金を支払う。

ステップ４：利子・元本の支払い　債券の発行がされた後，債券保有者には，定期的に利子が支払われ満期時に元本が償還される。発行者と投資家の間の事務管理や連絡のため，受託者（Trustee）または財務代理人（Fiscal Agent）が置かれる。受託者は，発行者が信託証書（Trust Deed）により選任するが，社債権者（受益者）のために，弁済の受領や債権の保全等を行う。他方，財務代理人は，発行者の代理人である。したがって，発行者のために，社債原簿の作成管理，支払管理等の事務を行う。

　利子や元本の支払事務は，支払代理人（Paying Agent/Financial Agent）が発行者に代わって行う。財務代理人（またはその子会社）が支払代理人を兼ねることが多い。他方，受託者は支払事務を行えないため，支払代理人がこれにあたる。

■証券の間接保有

　債「券」という言葉を用いながら，紙（券面）で物理的に取引されるのは現代においては稀である。ユーロ債は通常，すべての権利が一枚または数枚の大券（Global Certificate）に表章されるか，あるいは何らの券面の発行もされないこともある。その場合，集中保管機関（ユーロクリアやクリアストリーム，DTC〔Depository Trust Company〕，証券保管振替機構など）が債券についての振替・決済等を行う。ただ，多くの投資家は，直接これらの機関に口座を持たない。したがって，自らの取引金融機関に口座を開設し，その機関が有する口座（またはさらに上位の金融機関の口座）の記録により取引する（山形地酒田支判平成11年11月11日金判1098号45頁，仙台高秋田支判平成12年10月4日金判1106号47頁も参照）。このような多層的な保

第10章　国際金融（為替・ローン・債券）　**167**

図 10-2　社債発行の例

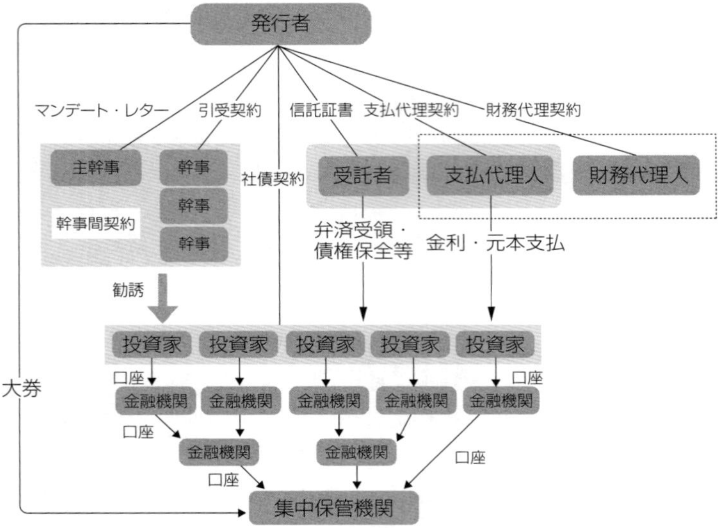

発行者

マンデート・レター　引受契約　信託証書　支払代理契約　財務代理契約

主幹事　幹事
幹事
幹事間契約　幹事

社債契約

受託者　支払代理人　財務代理人

弁済受領・
債権保全等　金利・元本支払

勧誘

投資家　投資家　投資家　投資家　投資家

口座　　　　　　　　　　　　　　　　　口座
金融機関　金融機関　金融機関　金融機関　金融機関

口座
金融機関　　　　金融機関

大券　　　　　　　口座　　　　　　　　口座

集中保管機関

　有を**間接保有**という。

　債券を含む証券の帰属や権利の移転は，かつては券面の物理的な所在地法によるとされた。しかし，券面を用いなくなったことで，どこの国の法が適用されるかが問題となる。2002 年にハーグ国際私法会議で「口座管理機関によって保有される証券についての権利の準拠法に関する条約」（🌐10-2：英語版）も作成されたが，2024年 7 月時点未発効である（**図 10-2**）。

■**債券を規律する法**

　第一に，発行者と幹事ら，支払代理人，財務代理人，受託者や受益者との関係は，それぞれの契約書または信託証書により規律される。また，発行者と投資家との関係は，社債であれば社債契約による。

168　第 3 編　国際事業展開

第二に，契約に関する一般法とは別に，組織法の面からも発行手続が規律される場合がある（→組織法の適用は**第8章**参照）。たとえば，日本の会社法は，社債の定義，発行手続，社債権者保護の手段等について規定する。

さらに，第三に各国の規制（→■**ローン，債券に関する規制** 参照），第四に権利の帰属に関する法（→■**証券の間接保有** 参照）についても，注意が必要である。

5 プロジェクト・ファイナンス

■プロジェクト・ファイナンス

プロジェクト・ファインンスとは，巨額の資金が必要なプロジェクト（発電所，水道，鉄道，道路，空港等のインフラ整備，石油化学プラント，製油所，資源開発など）につき，プロジェクトから将来生じる収益（キャッシュ・フロー）のみを返済の原資として，シンジケートローンや債券発行等を用いながら資金調達する方法である。プロジェクトには多数の参加者が関わり，返済原資となるキャッシュフローを確実に確保するため多様な契約が必要となる（**図10-3**。プロジェクト・ファイナンス図については，澤田他『マテリアルズ国際取引法〔第3版〕』〔有斐閣，2014年〕205頁，森下他『ケースで学ぶ国際企業法務のエッセンス』〔有斐閣，2017年〕363頁以下も参照）。

■プロジェクト・ファイナンスの特徴

プロジェクト・ファイナンスでは，実質的な担保はプロジェクトの収益のみである。このため，次の特徴が見られる。第一に，プロジェクトの企画者（スポンサー）は直接に借入人または証券発行者とならない。プロジェクト運営のための事業体（プロジェクト事業体）が設立され，これが資金調達者として貸付金の返済に責任を負

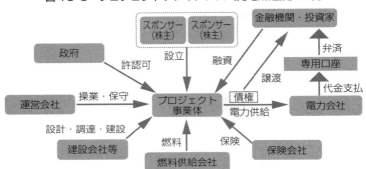

図10-3 プロジェクトファイナンス(発電所建設)の例

う。スポンサーは,責任を負わないか(ノン・リコース),限定された責任のみを負う。このため,スポンサーは巨額の資金調達を低リスクで行える。

　第二に,返済原資となるキャッシュフローの確保が重要となる。そこで,まず,プロジェクト事業体が得る売買代金債権を貸付人等に譲渡し,次に,資金の流れはいくつもの専用口座を設置して管理する。

　第三に,プロジェクトが安定して実施されるよう,スポンサー,プロジェクト事業体,金融機関に加え,プロジェクトの建設を担う者,操業・保守を行う者,原料や燃料の供給者,プロジェクトから生ずる物またはサービスの購入者,さらにはプロジェクト所在国政府との関係も重要になる。リスク分析や回避策の構築,調整,交渉等は社外のアドバイザーが担うが,多数の関係者と文書をとりまとめ,仕組みも複雑になるため,組成には多額の費用と時間とがかかる。

■ **特徴的な契約**

　関連する契約は多岐にわたるが,次の5種類に大別できる。第一

は，シンジケートローンや証券発行等の資金調達に関する契約，第二は，担保や保険など信用を補完するための契約である。スポンサーが，プロジェクト完成の保証や費用超過，元利金返済不足の補填をすることもある。第三に，スポンサーがプロジェクト事業体を設立し，第四に，これを運営するための契約を締結する。スポンサーが複数の場合には，株主間協定を締結することが多い。しかし，スポンサーが投資子会社を株主とする場合には，株主間協定に加え，親会社であるスポンサーの間でスポンサー間協定も締結される。第五に，プロジェクト遂行のための契約を締結する。建設契約や操業・保守契約，燃料・原料の供給元との契約やプロジェクトからの製品販売契約（Off-Take 契約），アドバイザー契約等が含まれる。安定した運営や収益確保のため，不可抗力等を原因としても，供給元は供給をしなければ損害賠償を支払わねばならず（Supply-or-Pay），供給先は購入をしなかったとしても代金を支払わなければならない（Take-or-Pay）という契約を締結することもある。

Column 10-3　証券化

　現代においては，債権や不動産など特定の資産（原資産）を裏付けに，証券を発行し資金調達をする方法（「証券化」）が広く用いられるようになっている。資金需要者（オリジネーター）は，証券化用の事業体（SPV）を設立し，自らの資産を SPV に譲渡する。SPV が証券を発行し投資家に売却することで，その代金を取得するのである。原資産はオリジネーターと切り離されるため，資産の価値によって資金調達が可能になる。しかし，資産の信用力が低い場合にも，保険の付保やリスクの組直し，他の金融商品との組合せ等で信用補完ができる。

　2008 年のリーマン・ブラザーズ破綻は，住宅ローンをもとに発行した証券の大量保有がきっかけとされる。また，2023 年のシリコンバレー・バンク破綻も，国債や住宅ローン担保証券が銀行資産の大半を占め

ていたためとされる。しかし，両者の破綻には違いがある。前者の証券
は，低所得者向け住宅ローン（サブプライムローン）を信用補完し証券化
したものであった。そのため，住宅バブル崩壊によるローンの延滞・差
押により証券価格が暴落し，銀行は巨額の損失を抱えることになった。
後者では，米国金利が上昇し，新しく発行される高金利の債券との対比
で既存証券の価格が下がった。これが SNS で拡散され，預金者の不安
が高まって多額の預金引き出しに繋がり，経営が立ち行かなくなったの
である。

図 10-4　証券化の例

オリジネーター（資金需要者）　資産譲渡　→　SPV（特定目的事業体）　証券　→　投資家
オリジネーター（資金需要者）　←　代金　SPV（特定目的事業体）　←　代金　投資家
投資家

第4編
国際コンプライアンス

Introduction

　企業が取引を行うにあたってはさまざまな公的規制にも従う必要があり（コンプライアンス），取引が国際化する場合には適用される公的規制の国際的な規律も問題となる。

　第11章では，そうした公的規制の典型である競争法に関する国際的な規律について説明したうえで，近年において重要度が増している経済安全保障や腐敗防止の観点からの公的規制に関する国際規律についても解説する。また，貿易問題については世界貿易機関を中心とした国際協力体制が構築されているが，これとの関係についても説明する。

　他方，最近になり重要度が増している公的規制として人権保護，個人情報保護といった問題があり，国際取引との関係ではこれらの規制の国際的な規律も深刻な問題となってきている。これについては，第12章で解説することとする。

　また，企業にとってコンプライアンスが求められる最重要の事項として労働者保護という問題がある。労使関係は一方で契約という面を有すると同時に，他方で公的利益を守るための規制という面も有しており，企業の事業展開の国際化にともない労使関係が国際化すると，その規律は複雑なものとなる。これについては，第13章で説明する。

第**11**章
国際経済法

　自由で公正な国際取引を進めるための国内的な法的枠組みとしては，まず，自由な経済活動を保障する競争法がある。さらに，自由な経済活動の尊重と並行して，自国の安全保障や腐敗防止のための関連法規も整備されつつある。一方，国際的な法的枠組みとして，商品，サービス貿易の自由化などを対象とする WTO 体制があるが，多国間交渉である WTO 体制の限界により，特定の国や地域間のみを対象とする EPA（経済連携協定）や FTA（自由貿易協定）なども広がりつつある。

第1節　競争法と腐敗防止のためのルール

1　主要国の競争法の特徴

■競争法（独占禁止法）

　世界的には**競争法**（Competition Law）と呼ばれることが多い法律であるが，日本では**独占禁止法**と呼ばれるのが一般的である。独占禁止法は「私的独占の禁止及び公正取引の確保に関する法律」（1947 年）の略称であり，「独禁法」と呼ばれることも多い。競争法または独占禁止法は単に独占そのものを禁止ないし取り締まるものではない。事業者がライバルと組んで価格を引き上げる，または不

174　　第 4 編　国際コンプライアンス

正な手段を使ってライバル事業者を追い出して市場における競争に
悪影響を与える場合などに適用される法律である。したがって，た
とえば自分が販売している商品役務の品質または価格が他の商品よ
り優れているため，結果的に独占となった場合は競争法違反にはな
らない。なお，競争法（独占禁止法）は，日本の大学及び司法試験
の選択科目の科目名では「**経済法**」と呼ばれている。

■構　造

　2020年時点で競争法を有する国・地域は140を超えると言われ
ているが，自国内はもちろん，他国の経済活動にも大きな影響を与
える競争法として米国，EUおよび中国のものがある。米国の競争
法は反トラスト法（Antitrust Laws）と呼ばれ，単一の法律ではなく，
シャーマン法（Sherman Act, 1890），クレイトン法（Clayton Antitrust
Act, 1914）および連邦取引委員会法（FTC法, Federal Trade Commis-
sion Act, 1914）などの複数の法律から構成されている。また，米国
にはそれぞれの州にも独自の反トラスト法がある。EUの競争法は，
欧州連合の機能に関する条約（Treaty on the Functioning of European
Union：TFEU, 2009）101条などのいくつかの条文と別途のEU規則
で構成されており，各加盟国にもそれぞれ自国の競争法がある。中
国の競争法は，反壟断法（2008）と呼ばれる単一の法律から成って
いる。

■内　容

　いずれの競争法においても，禁止される主な行為は世界中でほぼ
共通している。すなわち，世間でカルテルや談合と呼ばれる，競争
事業者間の合意により市場における競争を停止・回避・緩和してお
互いに予め決めた価格に引き上げる行為（独禁法では，不当な取引制
限と呼ばれる），ある事業者が価格または品質による競争以外の方法
で独占の維持または他のライバル事業者の排除を試みる行為（独禁

第11章　国際経済法　**175**

法では，私的独占か，不公正な取引方法のいずれかに該当する），ある事業者が取引先を拘束または条件をつけて取引する行為（独禁法では，不公正な取引方法〔垂直的制限行為〕と呼ばれる）などである。ほかにも，複数の事業者が株式取得や合併などによって1つの事業者になることを事前に規制すること（独禁法では企業結合規制と呼ばれる）が競争法の中に含まれることがある。

■執行機関

　日本における独禁法の執行機関は**公正取引委員会**である。米国における反トラスト法の執行機関は，複数で，司法省の反トラスト局（Antitrust Division, Department of Justice）と連邦取引委員会（Federal Trade Commission：FTC）に分かれており，おおむね，独占化行為，カルテル・談合などは司法省の反トラスト局が，不公正な取引方法や消費者・プライバシー問題などは連邦取引委員会（FTC）が担当し，企業結合は司法省と連邦取引委員会の協議でどちらが審査するかが決まる。EU における競争法の執行機関は，欧州委員会競争総局（Directorate-General for Competition）であり，また，各加盟国にもそれぞれの執行機関がある。中国における反壟断法の執行機関は，3つに分かれていたものが2018年4月に統合され，国家市場監督管理総局内の独占禁止局となった。

2　域外適用

■概念と課題

　今日ではさまざまな国・地域で部品を調達して1つの完成品を作ることが一般的なこととなっている。そして，このような国境を越える経済活動の増加は同時に競争法が適用されるべき場面の増加にもつながる。そこで海外で行われた外国企業の経済活動に対して自

176　　第4編　国際コンプライアンス

国の競争法の適用が可能か，という問題が発生する（たとえば，日本製のテレビの中には日本はもちろん，中国，韓国および台湾製部品が入っているが，海外製造の部品価格に関して海外で談合が行われた場合，日本の競争法が適用できるだろうか？）。もともと競争法も他の法律と同様，当該競争法の制定国・地域の領域（領土，領海，領空）内においてのみ適用されるが，その適用範囲を海外で発生した事例にまで広げることを**域外適用**と呼ぶ。もし域外適用が認められると，国外で発生した事件についても自国・地域の競争法を適用することが可能となる。一方で，各国・地域が同一の事例に対してそれぞれ自国・地域の競争法を適用すると，管轄権の衝突や重複した法執行などの可能性も生じるが，現在のところ，強制力のある重複禁止の国際的な法規はなく，各国・地域の執行機関同士の話し合いによる解決が実情であり，実際に同一の事例に対して複数の国・地域がそれぞれ競争法を適用することもある。

■効果主義（効果理論）

　たとえ明文上の規定がなくても国際事件において自国・地域が直接的・実質的な影響を受けるならば，自国・地域の競争法を適用できるという考え方を「**効果主義**または**効果理論**（effects doctrine）」という。米国では，外国取引反トラスト改善法（The Foreign Trade Antitrust Improvements Act：FTAIA，1982）および最高裁判決（ハートフォード火災保険会社事件，1993）などにおいて外国で行われた行為の「直接的」，「実質的」，「合理的に予見可能」な効果が米国に及び，その効果が反トラスト法上の請求原因である場合，域外適用が認められた。EU競争法においては，直接，域外適用の条文は明示されてはいないが，「EC条約第81条・第82条における取引への影響概念についてのガイドライン（Guidelines on the effect on trade concept contained in Articles 81 and 82 of the Treaty, OJ

第11章　国際経済法　**177**

2004/C 101/07)」において談合・カルテルなどの EU 競争法違反行為は，事業者の設立・所在地や契約・慣行が行われた場所が EU 域外であったとしても EU 域内の市場に影響を与える可能性があれば EU 競争法が適用されるとされ，実際にインテル事件（2017）において域外適用が認められた。一方で，中国反壟断法においては，たとえ国外で行われた行為であっても国内市場の競争を排除し，または制限する影響を及ぼす場合は同法が適用されるという条文が明示されているため（第2条），条文により域外適用が可能である。これに対して日本の独禁法に域外適用の規定はないが，ブラウン管事件最高裁判決（最判平成 29 年 12 月 12 日民集 71 巻 10 号 1958 頁）により，実質的に効果主義が認められたと解されている。

Column 11-1　ブラウン管事件

　本件は，テレビ用のブラウン管を製造販売する，日本，韓国などの 11 の事業者が日本に本社を置くブラウン管テレビメーカー 5 社の東南アジア各国に所在する製造子会社または製造委託先（以下，現地製造子会社等）に販売するブラウン管について価格の合意を行ったとされる事案である。価格の合意（いわゆる価格カルテル）の行為者はほぼ外国事業者であり，同合意のための打ち合わせは日本では一度も行われておらず，対象となったブラウン管の購入者も外国に所在しただけでなく，当該ブラウン管の引渡しも外国で行われ，それを組み込んだテレビが日本に輸入されたかについても明確ではなかったため，これまで一般的とされてきた属地主義（行為が行われた場所の法を適用する）に沿って日本の独禁法が適用できるかが問題となった。本件において最高裁は，まず，国外で合意されたカルテルであってもそれによって競争機能が損なわれることになる市場に日本が含まれる場合には，当該カルテルは日本の自由競争経済秩序を侵害するものであるとした。さらに，最高裁は，ブラウン管を購入する取引は，日本に所在するブラウン管テレビメーカーと現地製

178　第 4 編　国際コンプライアンス

造子会社等が経済活動として一体となって行ったものと評価できるから，ブラウン管の価格の合意は，日本に所在する日本のテレビメーカーをも相手方とする取引に係る市場が有する競争機能を損なうものであったとして日本の独禁法の適用を認めた。なお，この判決は一見効果主義（効果理論）を正面から認めたもののように見えるが，最高裁の判決文の中に効果主義（効果理論）という表現はなく，判旨の解釈として効果主義（効果理論）が取り込まれたように見えることに注意が必要である。

3 経済安全保障・安全保障貿易管理（輸出入規制）

■米 中 対 立

冷戦終結後，しばらくの間，米国を含めたほとんどの資本主義諸国は効率性優先の生産・調達システムを運営してきた。しかし，中国が台頭し，いわゆる国家資本主義の路線をより色濃くしていくにつれて米国は安全保障をより優先するようになり，中国に対する規制強化および可能な限り中国製品や企業との関わりを少なくする方に軸足を移している（De-risking と言われている）。

■米国および同盟国の対中規制

米国通商代表部（USTR）はトランプ政権時の 2018 年 7 月以降，一部の医薬品を除き，中国からの輸入品に対し最大 25% の追加関税（301 条関税）を課してきた。政府調達については，国防権限法 2019（National Defense Authorization Act for Fiscal Year 2019）において，米国連邦政府調達の際，華為技術（ファーウェイ）を含む通信や監視カメラ関連の 5 社（および別途指定される中国企業）の製品・サービスそのものの調達禁止およびこれらの対象企業の製品・サービスが含まれた製品等を自社で使っている企業の製品・サービスの調達禁止が行われた。半導体については 2022 年に成立した Chips

科学法（the CHIPS and Science Act, 2022）を通じて米国で半導体を生産する国内外の事業者に対し2027年まで527億ドル（約7兆8000億円）の政府補助金と25％の税額控除によって米国内での開発と生産を推進させる内容が盛り込まれた。そして2022年10月以降，米国商務省は中国を念頭に置いた半導体関連製品（物品・技術・ソフトウエア）の輸出管理規則（EAR）を強化してきた。これにより，①半導体メーカーを含む30超の中国企業・団体の事実上の禁輸リスト入り，②スーパーコンピューターなどの用途に使用する先端半導体の貿易規制およびその製造施設向けの装置輸出の制限，③中国国内での先端半導体の製造・開発等に米国籍，米国永住権者または米国会社が携わることの禁止，④外国事業者による米国の技術を使った装置の貿易の制限などが定められた。次に米国商務省は，2023年3月21日，中国，ロシア，イラン，北朝鮮を安全保障上の懸念がある国と指定し，先端半導体について補助金を受けた企業がこの4か国で今後10年において生産能力を5％以上拡大するのを禁じ，生産能力拡大を目的とした10万ドル（約1600万円）以上の取引も禁止した。国防権限法2023（National Defense Authorization Act for Fiscal Year 2023）では，2022年12月23日の施行日以降，米国連邦政府調達における中国企業製半導体製品を含む電子製品等の調達禁止規定が盛り込まれた。さらに米国政府は，2022年10月，日本やオランダに半導体製造装置など関連技術の対中輸出制限の協力を求め，日本政府は2023年7月23日，先端半導体分野の23品目を輸出規制の対象に加えた外為法の改正省令を施行した。これら23品目はこれまでは原則として輸出の際，許可は不要だったものの，新たに米国など友好国42か国・地域向けを除く，中国などに輸出する場合は，経産省の許可が毎回必要となった。オランダ政府も2023年6月30日，特定の半導体製造装置については，政府の輸

180　第4編　国際コンプライアンス

出許可が必要になる新たな輸出規制を9月1日から導入すると発表し，2024年から本格的な輸出規制が行われることになった。そのほかにも，バイデン大統領は2023年8月9日，米国から懸念国への対外投資に関する大統領令に署名した。これにより，半導体・マイクロエレクトロニクス，量子情報技術，人工知能（AI）の3分野で，国家安全保障にとって重要な機微技術・製品に関わる対外投資を制限するプログラムが新設されることになり，米国人による対象技術・製品に関わる懸念国の個人・事業体・政府との取引について米国財務省への届出が義務付けられ，国家安全保障にとくに深刻な脅威をもたらすそのほかの取引が禁止されることになった。

■中国の対抗措置とグローバル供給網からの分離

上記の米国の政策に対し，中国は対抗策として対外対抗措置・規制を打ち出す一方で，独自の安全保障法規・政策の整備も進めるという，2つの政策方向を同時進行で併存・交差させている。まず，米国原産の輸入品に対し追加関税を課すほか（ただし，各種ハイテク設備の基幹部品やその原料などは適用対象から除外），不法移民送還に関する協力の停止や気候変動に関する交渉の停止など8つの対抗措置を発動した（2022年8月）。その他，米国の先端半導体対中輸出規制を巡り，中国は2022年12月，世界貿易機関（WTO）に提訴したものの，米国の規制などにより，先端半導体生産工場の操業や投資は苦戦を強いられている。

一方で中国は，安全保障法制の総則的なものとして国家安全法を制定したうえで（2015年7月），2021年2月「プラットフォーム経済分野に対する反壟断法執行ガイドライン」（关于平台经济领域的反垄断指南）を制定し，同年4月10日には，ネット通販プラットフォーム最大手アリババが出店者に対し競合プラットフォームへ出店を禁止（いわゆる「二者択一」強制）していたとして，約182億元（約

3900 億円）の行政制裁金を課す処分を下した。さらに，最近重視されるようになったデータの重要性に鑑み，中国国内で得られたデータの域外移転を制限する個人情報保護法（个人信息保护法，2021 年 11月）やデータ域外移転安全評価弁法（数据出境安全评估办法，2022 年 9月）の制定のほか，全国統一の行政ビッグデータシステムの初期構築，データ管理サービスの質の向上，リアルタイムに更新できるデータ分類の整備を目指す「全国統一行政ビッグデータシステム構築ガイドライン」（全国一体化政务大数据体系建设指南，2022 年 10 月），国内のデジタルインフラ整備と国際協力を強化させる「デジタル中国建設全体レイアウト計画」（数字中国建设整体布局规划，2023 年 2月）などを制定した。さらに中国のインターネット規制当局は2023 年 5 月 21 日，アメリカの半導体メモリー大手マイクロン・テクノロジーの製品がネットワークセキュリティー審査で不合格になったとして，重要インフラ事業者による同社からの調達を禁止すると発表した。最後に，中国は 2023 年 8 月 1 日から，半導体の材料となるレアメタル（希少金属）であるガリウム（8 種類）と樹脂や電化製品などに使われるゲルマニウム（6 種類）の関連製品などの輸出規制を行った。

　これらの一連の動きは，1978 年の改革開放によるグローバル供給網への積極的参加から中国を切り離し，独自の経済圏の成立を目指すものであると言える。

■ 米国および同盟国等の対ロ制裁

　2022 年 2 月 21 日，ロシアがウクライナ東部の親ロシア派地域の独立を一方的に承認したことに対し，米国，イギリス，ドイツ，カナダなどは，たとえばウラジーミル・プーチン大統領に近い人物とその家族 5 人のブラックリスト入り（SDN リスト〔Special Designated Nationals and Blocked Persons List〕入り）やロシア中央銀行との一部

取引中止（アメリカ），一部の個人やロシアの銀行5行の英国内の資産凍結およびイギリスの個人，企業との取引の原則禁止（イギリス），ロシア・ソブリン債の直接・間接取引の禁止（カナダ），ロシアとドイツを結ぶ天然ガスパイプライン事業であるノルドストリーム2の承認手続きの停止（ドイツ）などの制裁を科した。そして，2022年2月24日にロシアのウクライナへの軍事侵攻が始まると，米国，EUおよびイギリスはもちろん，スイス，日本，韓国，シンガポール，オーストラリアなども対ロシア制裁に加わり，内容はさらに強化された。制裁の内容は多岐にわたっているが，ロシアにとってエネルギー資源は重要な輸出商品になっていることからロシア産原油の原則的輸入禁止（カナダ〔2022年2月28日〕，米国・英国〔2022年3月8日〕，EU〔2022年12月5日〕，日本〔2022年12月5日〕）および石油製品の原則的輸入禁止（米国・英国〔2022年3月8日〕，EU〔2023年2月5日〕，日本〔2023年2月6日〕）がある。さらにG7，EUおよびオーストラリアは2022年12月5日，ロシア産原油の国際的な取引の上限価格を1バレル＝60ドルに設定し，2023年2月5日からはロシア産石油製品についても国際的な取引の上限価格を，軽油やガソリンなどは1バレル＝100ドル，重油などは1バレル＝45ドルとした。上限価格制度の主な内容は，同価格を超えて取引されたロシア産原油と石油製品を運ぶ船舶に対して，G7に拠点を置く金融機関が世界市場の90％を占める，原油の海上輸送に不可欠な海上保険の利用が禁止されることであり，原油価格の安定と戦費調達につながるロシア政府の収入を減らすことを目的とするものであった。また，G7，オーストラリア，韓国などによるロシアの最恵国待遇撤回と輸入品への高関税賦課（2022年3月）やロシア所有・支配の航空機による米国，カナダ，EUなどの領空の飛行禁止措置（2022年2月から3月），処理能力の高い半導体やハイテク製品，通信機器

や航空関連の部品，石油生産に使う設備などの輸出禁止，SWIFT（スウィフト，Society for Worldwide Interbank Financial Telecommunication，本書**第4章**のColumn 4-8参照）と呼ばれる国際的な決済ネットワークからロシアの銀行の排除によって外国の銀行とロシアの銀行間の送金や決済をできなくさせるなどがあった。さらに，米国商務省は2023年9月25日，ロシアやイランで行われる無人航空機（UAV）開発への協力や，中国の軍事研究への支援などを理由に，ロシアや中国企業を含む28の外国事業体を輸出管理規則（EAR）上のエンティティー・リスト（EL）に追加した。**エンティティー・リスト**とは，米国政府が自国の国家安全保障または外交政策上の利益に反する行為に携わっている，またはその恐れがあると判断した団体や個人を掲載したリストのことで，同リストに挙がったものに米国製品（物品，ソフトウエア，技術）を輸出・再輸出・みなし輸出などを行う場合には，米国商務省の事前許可が必要となる。

■ロシアの対抗措置・政策

ロシアは対ロシア制裁に不参加または中立的な立場をとる中国，インド，トルコ，UAEなどの国々を通じて原油や石油製品の輸出を行っており，その際はこれまでのドルやユーロなどの外貨ではなく，自国の通貨であるルーブルでの決済を求めることによって対ロシア制裁の実効性低下を狙った。そのため，上記のロシア産原油および石油製品の禁輸の効果は一定程度落ちている。また，ロシアも2022年2月28日，英国，フランス，イタリア，ドイツなど欧州を中心とした36か国の航空会社を対象にロシアの許可を得た場合を除き，民間航空機によるロシア上空空域の飛行を制限する措置を取るほか，ロシア産原油の輸入価格に上限を設けた国に対して，2023年2月1日から原油の輸出を禁止した。

184　第4編　国際コンプライアンス

4 国際取引における贈収賄

■贈収賄禁止ルール

贈収賄は正当なビジネス活動を歪ませ，かかわった事業者の社会的な信用を失わせるだけでなく，罰金賦課などのリスクもある。関連する法律・指針として日本では，1999年2月に発効したOECD外国公務員贈賄防止条約を受けた改正不正競争防止法（外国公務員等に対する不正の利益の供与等の禁止〔第18条〕）および外国公務員贈賄防止指針（経済産業省，2004年）がある。そして，米国にはFCPA（Foreign Corrupt Practices Act，海外腐敗行為防止法，1977年）があり，外国政府関係者，公務員への贈賄行為が外国人または外国企業によって行われた場合や米国外において贈賄行為がなされた場合に対しても適用されることがある。英国もUKBA（UK Bribery Act 2010〔贈収賄禁止法〕）があり，公務員でない相手に対しても贈賄行為を行った場合，贈収賄が成立する。なお，FCPAでは，相手方に裁量のない機械的な業務に関する業務円滑化のための少額の贈賄行為（Facilitation Payment）は違反の例外とされているが，日本の不正競争防止法およびUKBAには例外規定がない。

第2節　自由貿易体制の国際的保障の枠組みと基本的な規律

1 WTO

■WTO協定

物品，サービス，知的所有権などの国際貿易に関する多角的貿易交渉の場および中心として設けられている機関が1995年1月1日

に設立された WTO（世界貿易機関，World Trade Organization。WTO
の概要について→⑱11-1）である（2022 年 6 月現在，164 か国および地域
が加盟）。WTO を支えるルールとして WTO 協定があり，同協定は，
世界貿易機関を設立するマラケシュ協定（通称：WTO 設立協定），
物品の貿易に関する多角的協定，サービスの貿易に関する一般協定
（GATS），知的所有権の貿易関連の側面に関する協定（TRIPS 協定），
紛争解決に係る規則及び手続に関する了解（DSU），貿易政策検討
制度（TPRM）および複数国民間協定（民間航空機貿易に関する協定，
政府調達協定）から成っている（WTO 協定および各協定については→
⑱11-2）。WTO 体制での基本原則としては，最恵国待遇原則，内
国民待遇原則，関税引下げの原則および数量制限の一般的廃止があ
り，国内産業保護措置として，セーフガード，アンチ・ダンピング
（AD）措置，補助金相殺措置およびセーフガードがある。

■関 税 障 壁

　関税率の設定は各国の主権に委ねられているが，一定の上限を超
えて関税を課さないという約束である譲許を超えた，特定の国から
の商品に対する高い関税率は，最恵国待遇や譲許表の違反として
WTO 協定の違反になりうる。

■アンチ・ダンピング措置

　アンチ・ダンピング（AD）措置とは，輸出国の国内価格よりも低
い価格による輸出（ダンピング輸出）が輸入国の国内産業に損害を与
えている場合に，その価格差に相当する関税（アンチダンピング税）
を賦課できる措置のことである。物品の貿易に関する多角的協定の
中の「1994 年の関税及び貿易に関する一般協定第 6 条の実施に関
する協定」（いわゆるアンチ・ダンピング協定）に要件や手順などが明
示されており，世界各国で頻繁に用いられる。ただし，アンチ・ダ
ンピング税の税率は，正常の価格と輸出価格との差額分が上限であ

186　　第 4 編　国際コンプライアンス

り，損害賠償請求や刑罰を科すことはできない。アンチ・ダンピング協定に対応する日本国内の法規としては，関税定率法8条（不当廉売関税），不当廉売関税に関する政令，不当廉売関税に関する手続等についてのガイドライン（経済産業省等の共同策定）の3つがある。もし日本国内の産業界から特定の国または地域によるダンピング輸出によって国内産業に損害が生じている旨の申請があった場合，これらの法規に基づき対処することになる。

2 EPA/FTA/投資協定

■EPA/FTA

WTOの意思決定は，原則「全会一致」のコンセンサス方式で行われる。しかし，加盟国の増加および対象品目の多様化を受け，2001年から始まった加盟国間の多角的貿易交渉であるドーハ・ラウンドが長引いていることから，より立場が近いまたは利害関係が一致する国や地域同士で関税の撤廃・削減を定める **FTA（自由貿易協定）** や，貿易の自由化に加えて投資の自由化，人的交流，競争政策の整備などまでカバーする **EPA（経済連携協定）** の締結が増えるようになった。WTO加盟国がFTAやEPAを結ぶことは可能で，むしろEPAなどの拡大はWTO協定と同等の効果をもたらす。日本は，2002年，シンガポールとのEPAが初めてであり，2024年6月現在，21の国や地域とEPA・FTA等を結んでいる（🕸8-4）。

■投資協定

自由な国際経済活動のための手段の一つである国際投資については，WTO協定の中で貿易に関連する投資措置に関する協定（TRIMs協定）や上記のサービスの貿易に関する一般協定（GATS）などがあるが，投資ルールとしての範囲は限定的なものであるため，

多くの場合，二国間投資協定（BIT）によって規律されてきた。過去の投資協定は先進国である投資国の投資が受入国である途上国で保護されるためのルール作りであったが，次第に投資の保護だけでなく，自由化も重視されるようになったため，EPA／FTAにおいて投資に関する内容（章）が含められるようになっている（🔖8-4）。

3　WTOにおける紛争解決

■紛争解決手続の原則

　WTO体制のもとで貿易紛争が発生した場合，まずは紛争当事国間の協議が行われる。協議で解決されない場合，パネル（小委員会）が設置され，審査を経てパネル報告書が出される。もし紛争当事国のいずれかがパネル報告書で示された判断に不服があれば，上級委員会に申し立てることができ，上級委員会は，パネルが対象とした法的問題・解釈を審理し，上級委員会報告書を出す。パネルまたは上級委員会の報告書が全加盟国で構成されるWTOの紛争解決機関（DSB）の会合において採択されることで，問題となった当事国の措置のWTO協定との整合性・違法性が確定し，問題となった措置の是正または撤廃手続へ移行する。速やかに是正または撤廃されない場合は，対抗措置が認められる場合もある（WTO紛争解決手続の概要について→🔖11-3）。

■上級委員会の機能停止

　上記の手続きに関して米国は2018年3月，①上級委員会が90日期限の報告書提出義務を無視している，②上級委員が任期後も業務を継続している，③上級委員会が紛争解決に必ずしも必要ではない争点について勧告的意見を提示している，④上級委員会への申立ては，パネルの報告において対象とされた法的な問題およびパネルが

188　第4編　国際コンプライアンス

行った法的解釈に限定されるべきであるが，上級委員会が加盟国の国内法の意味まで踏み込むことがある，⑤WTO協定の下では上級委員会の判断に先例拘束性は認められないとされているにもかかわらず，上級委員会が，「説得力のある理由（cogent reason）」がない限りパネルは過去の上級委員会報告書に従わなければならないと判示し，上級委員会報告書をWTO協定のように扱っているとの5点を挙げ，任期満了に伴う新委員の任命に反対した。その結果，新委員の任命がないまま，2017年6月以降，次々と委員が任期を終え，2020年11月にはすべて空席となり，以降，審理を行うことができない状態となっている。その結果，パネルの報告に不満を持つ加盟国は，故意に機能停止した上級委員会に不服申立をすることで，実質的に紛争を永久に未解決状態に留め置くこと（いわゆる「塩漬け状態」）ができるようになってしまった（**空上訴**）。

Column 11-2　多数国間暫定上訴仲裁アレンジメント（MPIA）

　上級委員会の機能停止を受け，日本政府（経済産業省）は，2023年3月10日付でWTOに対し，多数国間暫定上訴仲裁アレンジメント（MPIA）に参加する意図を伝えると発表した。MPIAとは，上級委員会が機能不全にある間，2020年にEUなどが主導して立ち上げた暫定的な枠組みで，同枠組みの参加国は，パネルの判断に不服がある場合，上級委員会に代わって仲裁により解決することを定める枠組みである。2022年12月21日，コロンビアによるEU産冷凍ポテトフライへのアンチ・ダンピング措置について，MPIAに基づく初めての仲裁判断が公表された。2023年7月現在，日本を含むEUや中国など53か国・地域が参加している。

　一方で，日本がMPIAに加入しても，紛争の相手国が未加入であれば相手国は空上訴が可能である（実際に2023年5月，MPIA未加入国のインドは，日本などからのIT関連機器への関税引き上げ措置を巡り，空上訴を行っ

た）。そのため，仮に紛争の相手国が MPIA に未加入で，空上訴を含めて WTO による最終判断を回避した場合，対抗措置発動（GATT1994 に基づく譲許その他の義務の適用の停止，追加関税の賦課など）の制度を事前に整えておくと MPIA の実効性担保がより確実なものとなる。このような状況を踏まえ，EU は 2021 年 2 月，ブラジルは 2022 年 1 月，それぞれ空上訴に対する対抗措置を制度化しており，パネル（小委員会）報告書の空上訴によって紛争の最終的な解決を妨げる相手国に対し，独自に対抗措置を講じる仕組みを導入した。

しかし，2024 年 6 月現在，日本は空上訴に対する対抗措置は未導入のままである。これについては，導入を求める声がある一方，あくまで MPIA は暫定的なものであり，WTO の判断が確定しない段階での対抗措置の発動は WTO を中心とする国際貿易秩序をさらに弱体化させる可能性があることや効果の面から慎重な考慮が必要だという声もある。

第12章
国際取引と個人の保護

　1948年採択の世界人権宣言に謳われるように，人間として尊厳を持ち幸福に生きる権利（人権）を有することは，現代の国際社会の共通認識である。人権の尊重は原則として国家の責務であり，各国は人権に関する国際条約への加盟や国内法制度の整備等を通してその実現をはかるが，この問題は企業にとっても無関係ではない。

　児童労働や強制労働，人種や国籍・性別による差別，環境破壊といったように，人権に悪影響を及ぼす問題は企業活動においてもしばしば生じる。企業活動がグローバル化している今日では，企業もまた人権の尊重の担い手として，これらの問題に責任をもって対応し，人権の保護に努めなければならない。

　また，高度に情報化・データ化した現代社会では，国際取引において情報の利活用が重要になっているが，同時に，企業による情報収集・利用によってプライバシーをはじめとする個人の基本権が侵害されるような状況が生じる可能性もある。企業活動において個人の権利や利益を尊重することは，現代の企業にとって不可避の責務なのである。

　本章では，ビジネスと人権および個人情報・個人データの保護について，国際的な枠組みおよび主要国における法制度について学ぶ。

第12章　国際取引と個人の保護　　191

◉ 第 1 節　ビジネスと人権

1　ビジネスにおける人権の尊重

■企業活動と人権問題

　企業活動は，雇用の創出や生活の質の向上に貢献するが，他方で社会に負の影響をもたらす可能性もある。現代社会では，種々のハラスメントや差別，児童労働・奴隷労働等，企業活動において発生するさまざまな「人権問題」に注目が集まり，とくに 1970 年代から，グローバルに活動する企業には責任ある行動が要請されるようになっている。

　企業活動に関連する人権問題は企業価値にも直結する。「環境（Environment）」，「社 会（Social）」お よ び「ガ バ ナ ン ス（Governance）」で構成される ESG の観点から，**ビジネスと人権**は重要視されている。また，後述する各国での立法もあって，ビジネスと人権を根拠として企業が訴訟を提起される例も起きており，訴訟リスクの観点からも重大な問題である。このように今日の企業活動においては，人権問題に関して，国際的な基準に合致し，かつ各国の国内法を遵守した適切な行動が要請される。

■企業活動チェーン（連鎖）における人権尊重

　企業活動では，ある事業が一つの企業で完結するのではなく，原材料を他社から調達したり，販売や広告を他社に任せたりすることが多い。このように，複数の企業の活動が連鎖している場合，自社の直接の活動ではないところで生じた人権問題は関係ないから無視してよい，とはならない。

　今日，企業は自社の活動の連鎖（チェーン）における人権リスクへの対応も求められている。当初は，原料の生産や調達から商品・

192　　第 4 編　国際コンプライアンス

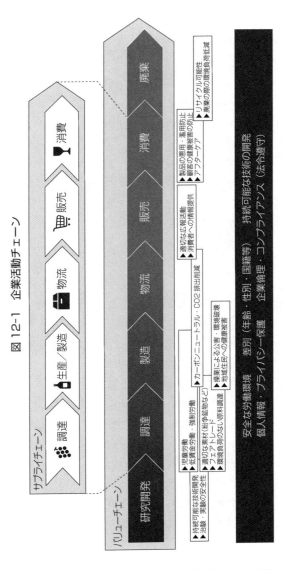

図 12-1 企業活動チェーン

第 12 章 国際取引と個人の保護　193

役務を消費者に届けるまでの一連の流れである**サプライチェーン**（供給連鎖）が念頭に置かれていた。しかし，企業の商品や役務の「利用」が人権に悪影響を及ぼす場合も考えられる（たとえば，医療機器による胎児の性別判断と性差別的産み分けや，顔認証技術とプライバシー侵害など）。そこで，企業活動の「上流」のみならず「下流」においても人権尊重にも留意が必要とされ，商品・役務の完成までに価値を付加する活動の連鎖である**バリューチェーン**（価値連鎖）に焦点があてられるようになっている。

　つまり，現代の企業活動においては，自社の製品の原材料生産者等が人権侵害を行っていないかという企業活動の「上流」だけでなく，自社の製品や役務を利用する企業や消費者の行動が人権侵害につながらないかという「下流」までも，留意しなければならないのである（**図 12-1**）。

■**国際的な動向**

　企業活動における人権尊重問題は国連をはじめとする国際機関でも議論されてきた。1976 年には OECD が「多国籍企業行動指針」を策定し，多国籍企業に対し，「責任ある行動」の自主的な実施を勧告した。この指針には法的な拘束力はないものの，さまざまな分野における企業の行動に関する原則と基準を定め，これまでに複数回の改訂を重ねている。また，ILO も 1977 年の「多国籍企業宣言」において，労働者の権利の尊重と労働における基本的原則および権利の実現を目的として，企業，政府および使用者や労働者の団体に対して，労働に関する各分野について直接の指針を示し，複数回の改訂を重ねつつ現在に至る。

■**国連「ビジネスと人権に関する指導原則」**

　2011 年に国連人権理事会の全会一致で採択された「**ビジネスと人権に関する指導原則**」（📖12-1）は，この分野についての現在の国際

194　　第 4 編　国際コンプライアンス

的な基本枠組みである。この原則は，人権を保護する国家の義務，人権を尊重する企業の責任，および救済へのアクセスを 3 つの柱とし，人権保護に関する国家の義務と，企業活動およびバリューチェーンにおける人権尊重についての企業の責任を明記する。

その具体的な方法として，「**人権デューデリジェンス**」が規定された。人権デューデリジェンスとは，過酷な労働環境や賃金の未払い，強制労働，児童労働といった企業活動における人権リスクの防止と，問題が生じた場合の対処への取り組みである。指導原則は，経済のグローバル化や多国籍企業の活動を意識し，自社の直接の企業活動だけではなく取引関係により自社の製品・サービスに関係するすべての人権問題への対応を企業に要請している。

2　各国の法制

■各国の法整備

国連のビジネスと人権に関する指導原則は，それ自体では法的拘束力は有していない。しかし各国は，この指導原則を踏まえ，ビジネスと人権に関する問題の法制化を進めている。

■イギリス現代奴隷法

世界で先駆けて法律を制定したのはイギリスである。同国は2013 年に国別行動計画を策定し，2015 年には現代奴隷法（Modern Slavery Act）を制定した。この法律は，イギリス国内で商品・役務を提供する一定規模以上の売上高の企業に対し，毎年度，奴隷労働と人身取引に関するステートメントの作成を義務づける。このステートメントにおいて，企業は，自社の事業およびサプライチェーンで奴隷労働や人身売買を生じさせないために講じた方策を公表しなければならない。このステートメントに含まれるべき項目として，

第 12 章　国際取引と個人の保護　　**195**

企業の組織構造・事業およびサプライチェーン，奴隷・人身取引に関するポリシー，事業やサプライチェーンにおける奴隷・人身取引に関するデューデリジェンス，事業やサプライチェーンにおける奴隷・人身取引の発生リスク，当該リスクの評価・管理手段，事業やサプライチェーンにおける奴隷・人身取引の確実な防止手段についての適切な評価指標による有効性，奴隷・人身取引に関して従業員が利用可能な訓練や能力開発，が挙げられている。

■フランス企業注意義務法

　最も広範な範囲で人権デューデリジェンスを義務付けていると言われるのが，フランスで 2017 年に制定された企業注意義務法（Loi de Vigilance）である。同法は，フランス国内の従業員数が 5,000 人または全世界の全グループ従業員数が 10,000 人以上の企業（子会社等の従業員を含む）に対し，自社・子会社および事業上の関係があるサプライヤー等の行為について，人権および環境リスクの特定，人権侵害の軽減およびその継続的な実施を監視するための措置を記載した計画を公表・実施する義務を課している。この義務に違反して第三者に損害が生じた場合には，企業は民事責任を負うことも定められている。この法律に基づき，石油会社や電力企業，廃棄物処理業者，小売業者等に対して実際に訴訟が提起されている。

■ドイツサプライチェーン注意義務法

　その他，2021 年にはドイツがサプライチェーン注意義務法を制定し，人権リスクおよび環境リスクに関するデューデリジェンスの実施義務を企業に課している。

■欧州デューデリジェンス指令

　なお，EU 全体としても，コーポレート・サステナビリティ・デューデリジェンス指令の草案が 2023 年に欧州議会で採択された。この指令は，上述の国連の指導原則に沿っており，従業員数や売上

を基準とした一定以上の規模の事業者に対して，人権および環境に関するデューデリジェンスの実施を義務づけている。その対象は，企業の事業それだけではなく，その事業の供給網などを含むサプライチェーンにおける人権・環境に関するリスクへの対応である。この指令は2024年4月に採択され，施行を待っている。施行後には域外の事業者への適用も見込まれ，日本企業にも影響を与える可能性がある。

■その他の立法例

その他，事業の透明性及び基本的人権等に関する法律（ノルウェー，2019年），現代奴隷法（オーストラリア，2019年）等，多くの国がこの問題について法整備を進めており，企業活動に際してはこれらの法律への目配りが必要である。

■日 本

日本では2023年時点ではビジネスと人権に関する法律は制定されていないが，「ビジネスと人権に関する行動計画に係る関係府省庁連絡会議」において，2020年，「『ビジネスと人権』に関する行動計画」が策定され，企業活動における人権尊重の促進を図ることが謳われている。

◎ 第2節　個人情報保護

1　個人に関する情報・データの利活用と保護

■個人に関する情報（パーソナル・データ）の重要性

今日では，情報は「21世紀の石油」と呼ばれるほど，経済的に重要な位置を占める。情報・データの取引は，「第四次産業革命」と称されるIoT（モノのインターネット）やAI（人工知能），ビッグデ

第12章　国際取引と個人の保護　**197**

ータといった技術革新とともに広がり，顧客ニーズの探求や新規事業の創出といったイノベーションも期待される。

　他方で，このような情報の利用は個人のプライバシーの侵害や情報漏洩といったリスクをもはらむ。そこで今日では，その利活用を前提としつつも，個人に関する情報・データ（以下「**パーソナル・データ**」と総称）の保護が重要視され，各国でそのための法制度の整備が進められている。

■**国際ビジネスにおけるパーソナル・データ**

　パーソナル・データの利活用とプライバシー等の個人の権利保護を両立させるために，時に罰則を伴った情報保護制度の整備が各国で進められている。グローバル化した企業活動では，パーソナル・データの越境的移動・利用はめずらしくないが，各国のデータ保護規制に違反する場合，行政当局からの制裁金やデータの持ち主からの訴訟といった重大なコンプライアンス・リスクとなる。そのため，各国における情報保護法制についての基礎知識および対応をあらかじめ知っておくことが重要である。

■**各国のデータ保護規制**

　パーソナル・データは，それぞれの国・経済圏の法律やルールで規制されるが，制度の内容はさまざまである。国際的なパーソナル・データの移転に関する法制度整備は近年大きなトレンドとなっている。パーソナル・データ規制に関する法として 2018 年の欧州連合（EU）の一般データ保護規則（GDPR）がとくに著名であるが，わが国の重要な取引相手国であるアメリカおよび中国におけるデータ保護法制の知識も欠かせない。日本の個人情報保護法も，このような世界的潮流を受けて 2020 年に改正され，2022 年から施行されている。

■グローバル・データ・ポリシーの策定

　データ保護規制が各国でさまざまである状況に鑑みると，それぞれに対応するデータ・ポリシーの整備は現実的ではない。そこで，多くの国・経済圏の規制に対応できる一般的なスタンダード・ポリシーを策定しつつ，個別の国・経済圏の規制に対応した特則を準備することが，実務的には増えてきている。

2　各国のデータ保護法制

■欧　州

(a) 欧州一般データ保護規則（GDPR）　欧州一般データ保護規則（General Data Protection Regulation；GDPR）（㊟12-2）は，1995 年データ保護指令を規則に格上げしたもので，EU に居住する者のデータ保護を目的とする。GDPR は，削除権やデータポータビリティ権等の新たな概念や，一定の場合における域外適用の可能性，さらに高額の制裁金を定め，実務上，また欧州圏外でも注目される。また，東南アジア等，他の経済圏の国々のデータ規制のモデルにもなっており，現在の世界標準の一つと言える。

(b) 地理的適用範囲　基本的に GDPR は EU 居住者の個人データを対象とするが，EU 域内に居住する者に対して商品・役務を直接提供する場合等には，EU 域内に拠点を有さない域外企業であっても，GDPR が域外適用される。そのため，日本に所在する企業であっても，EU 域内の居住者にビジネスを展開する場合には，適用される可能性がある。

(c) 違反の場合の制裁　GDPR に規定される規制に違反した場合には制裁金が課される。この制裁金は，最大 2000 万ユーロか前年売上・収入額の 4% のいずれか高い方を上限とすると定められ，

第 12 章　国際取引と個人の保護　　199

きわめて高額であることから企業にとっては大きなリスクとなる。

(d) 企業の義務　　EU 居住者の個人データを大規模・定期的に取り扱う企業は，データ保護責任者（Data Protection Officer）の任命およびプライバシー影響評価の実施体制の整備を行わなければならない。また，個人データの漏洩が発生した場合には，72 時間以内の監督当局に対する報告義務がある。さらに，EU 域外への個人データの移転は原則禁止であり，移転する場合には GDPR 上定められる越境移転に関する要件を満たさなければならない。ただし，移転先の国に EU と同程度のデータ保護水準が認められる場合（十分性認定）には，この要件は課されない（なお，日本は 2019 年 1 月に十分性認定を受けている）。

■アメリカ

(a) 連邦法と州法　　アメリカでは，連邦レベルでの包括的なデータ保護規制は現時点では存在しない。ただし，個別の分野におけるパーソナル・データに特化した法律はある。健康に関する情報を取り扱う企業に情報セキュリティ対策を要求する HIPAA（Health Insurance Portability and Accountability Act；医療保険の携行性と責任に関する法律）や，金融機関と顧客との間の情報共有方法や機密データ保護を定める金融サービス近代化法（グラム・リーチ・ブライリー法；GLBA）はその一例である。

　州法レベルでは，包括的に個人データに関する制度を整備している州もある。とくに注目されるのはカリフォルニア州である。同州は個人のプライバシーに関する権利を不可侵の権利として，これを保護するための法律を整備してきた。そして，2020 年にカリフォルニア州消費者プライバシー法（California Consumer Privacy Act；CCPA）が，2023 年にはカリフォルニア州プライバシー権法（California Privacy Rights Act；CPRA）が制定され，個人データの保護がよ

200　　第 4 編　国際コンプライアンス

り強化された（CCPAをモデルに他の州でもデータ保護規制制度が整備されている）。

(b) **適用範囲**　　CCPA・CPRAは，カリフォルニア州内で事業を行い，同州の消費者の個人情報を収集・共有・販売する一定規模の企業を対象とする。いずれも「カリフォルニア州内で事業を行うこと」の定義を示していないが，必ずしも州内に事業所や従業員が存在する必要はなく，域外適用の可能性がある。

(c) **企業の義務**　　CCPA・CPRA上，企業はデータ収集時に消費者に対してさまざまな情報を提供しなければならない。たとえば，対象となるデータの類型，収集・利用の目的，収集されたデータの販売・共有の有無，販売・共有される場合には消費者がそれを拒絶するオプト・アウト手段，データ保持予定期間，事業者のプライバシー・ポリシーへのリンク，データ収集・利用について消費者に報酬がある場合にはその詳細情報，等である。

(d) **違反の場合の制裁**　　消費者は違反事業者に対し，損害賠償や差止を求める民事訴訟を提起できる。損害賠償は違反1件ごとに一人あたり法定損害賠償（100〜750ドル）か実損害額のいずれか大きい方の額であり，集団訴訟も可能であることから，違反の規模によっては思わぬ高額の損害賠償という事態にもなりかねない。

　また，専任機関として新設されたカリフォルニア州プライバシー保護庁から，違反企業は，行政上の罰則として制裁金（違反1件あたり2,500ドル以下，故意などの一定の場合には7,500ドル以下）の支払いや違反の停止・排除を命じられる。

■**中　　国**

(a) **中国における個人データ保護**　　中国の情報に関する法としてサイバーセキュリティ法やデータセキュリティ法が有名だが，これらは安全保障の色彩が強い。これに対して，2021年11月施行の個

人情報保護法は個人データに関する権利保護を目的とする初の包括的な法律である。

(b) **地理的適用範囲**　　個人情報保護法は，個人のデータを取り扱う中国領域内での活動には全般的に適用されるのに加え，域外であっても，①中国国内の個人に対する商品・役務の提供を目的とする場合，②中国国内の個人の行為の分析・評価を目的とする場合，および③法令に定められるその他の場合，にも適用される。そこで，国際的な EC や輸出入事業で中国を対象とする場合や，中国居住者向けのコンテンツ配信事業等は，仮に中国領域外に所在する場合であっても，同法が適用される可能性が高い。

(c) **企業の義務**　　同法により，個人情報の取扱いには原則として個人の同意が必要であるが（13条1項），公衆衛生や緊急事態，本人が公開済みの情報など，一定の場合には同意は必要とされない（13条2項～7項）。

　中国領域外に情報を持ち出す場合には，①国家インターネット情報弁公室（国家网信部门）が定める安全評価に合格する，②同組織の規則に基づく専門機関による個人情報保護認証を得る，③同組織が策定した標準契約を用いて域外の移転先と契約を締結する，④法律，行政規則または同組織の定めるその他の基準を満たす，のいずれかの条件を満たさなければならない（38条）。

(d) **違反の場合の制裁**　　個人情報保護法の違反の場合，是正命令や警告，違法所得の没収，サービス中止命令や，高額な制裁金（最大で5000万元または前年度売上の5%）が課される可能性があり，中国で活動する事業者には大きなリスクとなる。また，上述の通り，域外適用の余地もある。

第 **13** 章
国 際 労 務

　今日の国際取引では，ある企業が外国に進出または世界的に展開することも珍しくない。国際労務の形態はさまざまである。日本に所在する日本企業が外国人を雇用する場合，日本の労働法上の規定に加えて，当該外国人の在留資格・期間およびそれに関する届出といった出入国管理法上の諸点や，社会保険の取扱いに関する確認が必要である。日本から外国の支店・子会社への出張や派遣の場合にも，社会保険や税務関係の処理に加え，出張・派遣先での健康管理や安全配慮といった問題にも留意しなくてはならない。外国支店への転籍や現地採用となれば，おそらく適用されるだろうその国の労働法の内容が問題となる。

　このように，国際的な人事・労務管理を行う際には，日本の労働法規のみならず，対象国の労働法制や社会保障，その国の文化等，多種多様な問題に目配りする必要がある。労働に関する問題は基本的人権にも関わり，その軽視は人権問題にもなりかねないため（**→第 12 章**も参照），国際労務はグローバルに展開する企業にとっては重要なトピックである。

◉ 第 1 節　労務コンプライアンス

■日本企業の外国進出

　外務省による調査によれば，外国に進出する日系企業（日本企業

の海外支店等，日本企業が100%出資した現地法人およびその支店等，日本企業による直接・間接の出資比率が10%以上の合弁企業〔現地法人〕およびその支店等，および日本人が海外で興した日本人出資比率10%以上企業を指す）は77,500を超える（2021年時点）。展開先として最も多いのはアジア地域（約69%）であり，次いで北米地域（約13%），欧州地域（約11%）と続く。国別にみると，中国が最も多く，次いでアメリカ，タイ，インドとなっている。

■国際的な雇用・労務管理

　外国支社の設置や，現地法人の設立等，海外進出にはさまざまな形態が考えられる（→**第8章**も参照）。このような海外展開においては，現地で人を雇用する必要が生じる場合もある。労働法の枠組みは国によってさまざまであるし，労働に対する感覚も大きく異なっており，日本の感覚が通用しないことも多い。海外への事業展開に付随する現地雇用・労務管理では，それぞれの国の人々の感覚や文化の尊重に加えて，各国の労働法で定められる規制等には十分に留意しなければならない（→労働準拠法については本章**第2節**）。

■差別の禁止

　差別は，文化や人種，歴史にも複雑に絡み合うために根深くセンシティブな問題であり，時にきわめて大きな紛争にもつながるリスクをはらむ。

　たとえば，古くから差別が社会問題であるアメリカは，連邦法で厳しくこれを禁じる（公民権法第7編。なお，州法が重畳的に適用されることも多く，さらに留意が必要である）。採用・雇用中・解雇の労働のあらゆる局面において，人種，肌の色，宗教，性別，出身国等による差別的な取扱い（disparate treatment）および差別的な影響（disparate impact）が禁じられる（703条）。また，妊娠・出産およびその過程（Pregnancy Discrimination Act），年齢（Age Discrimination in

204　第4編　国際コンプライアンス

Employment Act), 障害 (Americans with Disabilities Act), 遺伝情報 (Genetic Nondiscrimination Act) による差別もしてはならない。

このため, 日本では慣例である履歴書への性別や年齢・生年月日の記載や顔写真の添付には留意が必要である。また, 日本企業に慣習的に見られる駐在社員と現地採用社員との間の差や年功序列制度が, 人種や年齢による差別と主張されることもあり得る。

EUでも, 一般雇用均等指令 (2000/78/EC) が雇用労働分野のあらゆる場面における宗教・信条, 障害, 年齢, 性的志向等に基づく差別を禁じており (ただし, 年齢等一部については例外規定もある), 各国はこの指令に基づき国内法を整備している。

■ハラスメントの禁止

性的な嫌がらせであるセクシャル・ハラスメント, 上下関係に起因するパワー・ハラスメントなど, ハラスメントにはさまざまなものがある (時に複合的にもなる)。

仕事の場におけるハラスメントを人権侵害と見るのが国際的潮流であり, 2019年には国際労働機関 (ILO) は「仕事の世界における暴力及びハラスメントの撤廃に関する条約」(Convention concerning the elimination of violence and harassment in the world of work) (⚙13-1) を採択し, ハラスメント防止を国際労働基準と位置づけた。同条約は, 各国の国内法でハラスメントを禁止し, 罰則を設けることを定める (なお, 日本のハラスメント防止法では企業の努力義務に過ぎず, 罰則規定もない)。

ハラスメントにとくに厳しい法制度の例としてフランスがある。同国では性的な言葉・行為の繰返しや性的行為を目的とするあらゆる形の圧力はセクシャル・ハラスメントとされ, 刑事罰が科される (刑法典 L.222-33 条。2年以下の拘禁刑および3万ユーロの罰金。職権濫用や, 未成年者あるいは弱者が対象といった一定の場合には3年以下の拘

禁刑および4万5000ユーロ以下の罰金)。また，労働法典は，従業員の権利や尊厳，身体的・精神的健康，職業上の将来を損なうモラル・ハラスメント（harcèlement moral：日本でいうパワー・ハラスメントはここに含まれる）を禁じた上で（L. 1152-1条），事業者に対し，就業規則の整備や研修等，防止に必要なあらゆる措置を講じることを求める（L. 1152-4条）。モラル・ハラスメントにも刑事罰が規定されている（刑法典 L. 222-33-2条）。

アメリカ法にはハラスメントに関する明文規定はないが（一部は上述の差別に関する規定が適用される），懲罰的損害賠償制度を含む判例法理により，セクシャル・ハラスメントやパワー・ハラスメント（bullying）には行為者自身が不法行為責任を負う他，使用者も責任を追及される。

■ 解 雇 規 制

日本は人材の流動性が低いと言われるが，その原因としてしばしば解雇の制限が指摘される（解雇権濫用について，労働契約法16条）。しかしこの点は，日本のみが特別というわけではなく，多くの国では解雇について正当な事由が必要とされる（たとえば，イギリス，ドイツ，フランス，中国，韓国，オーストラリア等）。また，正当な事由をもって解雇する際にも，名称は各国でさまざまであるが，解雇手当の支払いが必要となる。

これに対して，解雇が容易として知られるのがアメリカであり，同国では解雇に正当事由は不要である。労働法制を柔軟にし，外資の導入促進政策を採用しているシンガポールやアルゼンチン，ブラジル等も同様に正当事由を要求しない。これらの国では解雇手当に関する規定もないことがある。たとえば，アメリカ公正労働基準法（FLSA）は解雇手当に関する規定はない（ただし，契約で退職金が約定されることはあるし，解雇に際して紛争回避のための金銭補償の提示も

ある）。シンガポールでも解雇手当は不要である。

■ 労 働 時 間

　労働時間についても，各国でさまざまである。業種・職種により
例外はあるものの，基本的には，日本法上の法定労働時間は1週あ
たり40時間，1日あたり8時間である（労働基準法）。これを超え
た場合には6か月以下の懲役（2026年6月からは拘禁刑）または30
万円以下の罰金が科せられる。

　アメリカでも1週40時間であり（公正労働基準法），これを超過
する労働には1.5倍の割増賃金の支払いが必要となる。支払わない
場合，1万ドル以下の罰金または6か月以下の禁固，あるいはその
併科となる。イギリスでは，残業時間を含む1週あたりの平均労働
時間は48時間が上限であり（労働時間規則），これを超えると犯罪
を構成する。中国法は，通常の労働時間を1日8時間，1週40時
間とし，超過労働時間は1日3時間，1か月では36時間を超えて
はならず，1週間につき必ず1日の休息を保証する必要がある（労
働法）。欧州では，EU法のレベルでは時間外労働を含む7日の平均
が48時間を超えてはならない（1993年労働時間の設定に関する指令）。
この指令の枠内で，EU構成国は独自の労働法を定められる。たと
えば，ドイツでは1日あたり休憩時間を除いて8時間を超えてはな
らず，日祝日の労働は原則禁止である（労働時間法・連邦労働者最低
休暇法）。フランスでは，1週あたり35時間または年間で1,607時
間以内，1日あたり最長10時間と定められている（労働法典）。

◎ 第2節　国際労働契約の準拠法

■ 国際的な労働契約

　日本企業が外国人を雇用する（もちろんその反対もあり得る），日本

企業の外国支社で現地採用を行う，あるいは日本企業の外国支社に社員を出向させる等，さまざまな形で国際的な要素を含む労働契約が考えられる。このような国際労働契約が日本の裁判所で問題となる場合に，どの国の法が適用されるか（なお，その前提となる日本の国際裁判管轄については，→**第 14 章** Column 14-1 を参照）。

■ **労働契約の準拠法**

通則法 7 条が定める当事者自治原則は，当事者双方が対等な関係にあり，契約に関する諸条件について交渉できることを前提とする。しかし実際には労働者と使用者との間には交渉力の格差が存在することがきわめて多い。そこで，労働者の保護を目的とする特則が設けられている（通則法 12 条。その他の弱者保護の特則として消費者〔同法 11 条〕については→**第 2 章** Column 2-3）。

労働契約の当事者は合意により準拠法を選択できるが，当該労働契約の最密接関係地法中の特定の強行規定の適用の意思表示を労働者がしたときには，当該強行規定が適用される（通則法 12 条 1 項）。労働契約については，原則として労務提供地，それが特定できない場合（たとえば，外航船や国際航空路線の乗組員等）には当該労働者を雇い入れた事業所所在地が，最も密接に関係する地と推定される（同条 2 項）。また，当事者による準拠法選択がない場合の客観的連結における最密接関係地（同法 8 条 1 項）においては，特徴的給付の理論（同条 2 項）にはよらず，労働契約については労務提供地と推定される（同法 12 条 3 項）。なお，労務提供地よりも当該労働契約に密接な関係がある地が存在する場合は，この推定は覆される（→**第 2 章第 2 節** 3）。

■ **「特定の強行規定」とは**

強行規定とは当事者の約定によって排除することができない規定である。通則法 12 条の文脈では労働者の保護に関する諸規定であ

208　第 4 編　国際コンプライアンス

り，たとえば労働基準法における契約期間（労基法 14 条 1 項）や，労働契約法の定める有期労働契約の更新（労契法 19 条）等がこれに該当する（東京地判平成 28 年 9 月 26 日判例集未登載［百選 31 事件］参照）。ここでいう強行規定は，労働関係法の規定や一般契約法上の規定のほか，判例法上の法理も含まれる。

■ 公法的規制

ところで，労働者保護は各国にとって強い関心事である。そのため，労働関係法規には，政策実現のため自国が法廷地である場合には常に適用される公法的な規制も含まれる（強行法規の特別連結，絶対的強行法規，直接適用法規，強行的適用法規とも呼ばれる）。通則法 12 条にいう「強行規定」は労働者による援用がないと適用されないのに対して，公法的規制は，原則として準拠法とは無関係に常に適用される。

準拠法とは無関係に適用される公法的規制であるか否かは各規定の趣旨に鑑みて判断されるが，一応の基準として，刑罰規定や行政機関の介入等を通した当該規定が定める事項の強行的実現や，明文による強行的適用の定め，等が挙げられる。労働基準法は違法行為に対して罰則規定を有するが，たとえば，同法が定める年少者（61 条〜64 条）あるいは妊産婦（64 条の 2〜68 条）の労働に関する各種制限は，公法的規制と解される。同じく罰則規定がある最低賃金（最低賃金法 5 条）も同様に考えられよう。また，労働組合法上の不当労働行為の禁止（労組法 7 条）は罰則規定こそないが，労働委員会による救済が予定されることから，公法的規制と解し得る（東京地決昭和 40 年 4 月 26 日判時 408 号 14 頁［百選 14 事件]）。

■ 労働契約の方式

消費者契約（→**第 2 章** Column 2-3）とは異なり，労働契約の方式についての特則は存在しない。したがって，通常の契約と同様，方

式については通則法 10 条の定めるところによる（**→第 2 章第 2 節 4**）。

第5編
国際紛争処理

Introduction

　取引の結果として企業間で紛争が発生することは少なくはない。その解決が交渉による和解成立で終われば理想的であるが，それがかなわない場合には裁判所における訴訟での争いとなる。

　ところが，当該取引が企業間の国際取引である場合には，候補となる裁判所が複数となってしまい，そもそもどの国で裁判を行うのかが問題となる。また，少なくとも当事者の一方は裁判地国とは異なる国に所在するため，送達・証拠調べ・判決の執行といった手続の各局面において特別な考慮が必要となる。そこで，こうした点につき第14章で解説する。

　他方，国家の裁判所を用いた国際紛争処理にさまざまな障害があることに鑑み，ビジネス業界を中心に国家の裁判所を用いずに同様の国際紛争処理を行う仕組みが構築されている。すなわち，国際仲裁であり，これについては第15章で説明する。

第**14**章
国際民事訴訟

国内事案の民事訴訟では，いずれの地で裁判を行うことができるか，という問いは，あくまで土地管轄，わが国であれば，各都道府県に設置された裁判所のうちいずれが当該事案を判断する管轄権を持つか，の問題である。これに対して，国際事案では，土地管轄の前提として，いずれの国・地域の裁判所が当該事案を判断する管轄権を持つか，いわゆる国際裁判管轄がまず問題となる。国際取引紛争の解決方法を学ぶ際には，この国際裁判管轄の規律をはじめとした，国際民事訴訟特有の制度を理解することが肝要となる。

以下では，国際裁判管轄の規律につき学んだのち（**第1節**），現実の国際取引事案の民事訴訟を巡る制度として知っておくべきものとして，国境を越える送達および証拠調べの扱いに触れ（**第2節**），さらに，外国で下された判決を他国が承認・執行する際のルールを解説する（**第3節**）。

◎ 第 1 節　国際裁判管轄

1　合意を原因とする国際裁判管轄

■国際取引紛争における裁判地の意義
現代社会において取引から生ずる法的紛争を解決する手段は多様

212　第5編　国際紛争処理

になっている。当事者同士の交渉で解決できることが望ましいが，それがかなわぬ場合には第三者を介入させ中立的で妥当な判断を仰ぐことになる。後者の場合において，権利保護の最後の手段といえるのが裁判所による裁判での解決である。

　国際取引において，その紛争解決に特化した超国家的な国際民事裁判所が存在し，言語面などで使い勝手が良いものであれば，国際取引紛争にかかる裁判はそこに集約させることが適当となる。しかし，そのような裁判所は現在のところ存在していない。結局は，いずれかの国の裁判所が最後の砦として用いられることになる。

　統一法や国際私法を介することで，仮に裁判地が異なっても同一の結論となることは期待できないわけではない。しかし，未だ完全なる統一法は存在せず，国際私法も各国において内容が異なっている（→**第1章第4節**）。さらに裁判手続の方法にも各国で違いがある状況にあっては，いずれの地で裁判をするかで結論が異なりうる。よって，国際取引を行う者は，この現況を視野に入れた上で契約交渉に臨む必要がある。

■裁判地の予測

　かくして，「もしも」のときのための最後の砦をどこにするかについて関心を有する契約当事者は，これを事前に予測するため，契約書内等で裁判地を合意することが望ましい（🚢14-1：管轄合意条項サンプル）。そして，管轄合意があった地で訴えが提起された場合，条約があればそれにより，ない場合には当該地の国内法により，合意の効力として自国の管轄権を行使できるかを判断する。

　このうち管轄合意に関する条約としては，2005年にハーグ国際私法会議において「管轄合意に関する条約」が採択されており，すでに発効している。この条約の適用範囲であれば，当該条約の諸規定に基づき，管轄合意の有効性や効力が判断されることになる。加

盟国は 2024 年 7 月現在，35 か国であるが，わが国は加盟していない。

■ **日本における規律**

それでは関連条約への加盟をしていない日本を管轄合意地として訴えが提起された場合，裁判所は日本法に基づきいかなる審査をすることになっているのであろうか。日本ではこの点，長らく**国際裁判管轄**についての明文規定がなく，判例（最判昭和 56 年 10 月 16 日民集 35 巻 7 号 1224 頁［百選 76 事件］，最判平成 9 年 11 月 11 日民集 51 巻 10 号 4055 頁［百選 83 事件］。また，管轄合意については最判昭和 50 年 11 月 28 日民集 29 巻 10 号 1554 頁［百選 81 事件］）を頼りにこの問題を解決してきたが，平成 23 年民事訴訟法改正により，国際裁判管轄に関する明文規定が整備され，管轄合意については民訴法 3 条の 7 がおかれた（なお，改正法附則 2 条 2 項により，同規定は改正法施行前にした合意については，適用されない）。

民訴法 3 条の 7 によれば，管轄合意は，「一定の法律関係に基づく訴え」に関するものであり，書面ないし電磁的記録による必要がある。よって，契約書中に「本契約に関する紛争については，東京地方裁判所が管轄権を有する」といった条項がある場合，わが国の裁判所がこの訴えに対して裁判権を行使できる。これに対し，条文上「一定の法律関係」とあることから，契約書中の条項が抽象的に「原告と被告間の紛争すべてについて」などの文言の場合，要件を満たさず，かかる管轄合意は無効ということになる。

■ **外国裁判所への管轄合意の効力が認められない場合**

当事者の合意には，端的にある国においても裁判が可能であるとする旨の合意（**非専属的管轄合意**）のほか，一国でのみ裁判を可能とする旨の合意（**専属的管轄合意**）がある。そして，外国裁判所への専属的管轄合意については，これを援用することでわが国での裁判を

214　第 5 編　国際紛争処理

回避することが可能であるが，当該外国の裁判所が裁判を行うことができない場合には，この回避は認められない（民訴法3条の7第4項）。また，法定の専属管轄が日本に認められる場合にも，外国裁判所への管轄合意の効力はわが国では認められない（民訴法3条の10参照）。加えて，外国裁判所への専属的管轄合意が，わが国の公序法に反する場合にもその効力はわが国では認められないと考えられている。この点は，明文には規定されていないが，判例（前掲最判昭和50年）により示された法理が現在も妥当しているものと理解されている。

2 管轄合意がない場合の国際裁判管轄

■概　要

　管轄合意が存しないケースで原告がわが国で裁判を望む場合には，わが国の民訴法に法定されている管轄原因を根拠に訴えを提起しうる。そして，法定の管轄原因事実が認定されるとわが国の裁判所は，当該訴えに対して管轄権を行使することとなる。なお，被告が日本に管轄が存しない旨の反論を出さずに本案の主張をした場合には，そのことをもって日本の管轄権の行使が肯定される（民訴法3条の8）。

　法定の管轄原因があり，といえるためには，紛争の対象または当事者と，わが国との間に客観的関連性を有することを前提とする。つまり，わが国の裁判資源を用いるのに適当といえるほどの関連性が要求される。よって，そのような関連性がない事案については，わが国は管轄権を行使しない。それゆえ，たとえば，原告法人も被告法人もわが国に事業所を有しておらず，紛争の対象たる取引がわが国と関連性がない事案については，わが国の裁判所は当該訴えを

却下することになる。

■個々の管轄原因

　では，わが国の民訴法はいかなる場合を上記の客観的関連性あり，としているか。事案を問わず管轄を認めるケースが，当事者の所在地または主たる事務所・営業所がわが国にある場合である。この点，原告の所在地または主たる事務所・営業所のみがわが国にあることも客観的関連性ありと言えなくもないが，被告の応訴の負担を考慮してその場合は管轄原因としては認めず，被告の所在地または主たる事務所・営業所がわが国にあることが原則の管轄原因とされる（民訴法3条の2）。

　もっとも，この要件を満たさない場合でも，一定の条件を満たすと客観的関連性は肯定される。つまり，法人の従たる事務所・営業所が日本にある場合で，訴えがその業務に関するものである場合（民訴法3条の3第4号）や，日本において事業を行っている者への訴えが，その者の日本における業務に関するものである場合（民訴法3条の3第5号）である。後者については，「事業」は反復的に継続して取引をしている状況をいい，「日本における業務」には，物理的な国内でのもののみならず，インターネットを通じてわが国で商品を販売する場合も含む。

　さらに，請求される債務に応じてわが国の管轄が認められる場合がある。契約事案の場合，契約債務の履行地がわが国にあるとき，管轄が認められる（民訴法3条の3第1号）。本号に該当する請求とは，まずは，契約上の債務の履行の請求であり，具体的には売掛金支払請求や，売買の目的物引渡請求などである。加えて，債務不履行による損害賠償請求や，契約上の債務に関して行われた事務管理や不当利得に係る請求が含まれる。

　一方，不法行為については，結果発生地と加害行為地のいずれか

216　　第5編　国際紛争処理

が日本であれば，日本に管轄が認められる。ただし，加害行為地が国外で，日本での結果の発生が予見できないものであった場合には，日本には国際裁判管轄は認められない（民訴法3条の3第8号）。不法行為債務の不存在確認請求についても，本号による。

このほか，被告の財産所在地が日本にある場合（民訴法3条の3第3号）にも日本の管轄権の行使は肯定される。ただし，金銭支払請求事案で，上記財産の価額が著しく低いときには，この管轄原因で日本の裁判権は肯定されない（同号かっこ書）。

Column 14-1 消費者・労働者と国際裁判管轄

国際的な消費者契約においては，弱者保護の観点から，管轄合意がない場合の法定管轄についても，消費者が原告の場合には，原告住所地に管轄を認めることとされている（民訴法3条の4第1項）。管轄合意についても，原告となる消費者の住所地国（民訴法3条の7第5項1号）が原則とされ，それ以外の地は消費者が当該合意を援用した場合にのみ有効とされる（同2号）。

同様に，国際的な労働契約については，上記消費者の場合に準じた保護がなされており（民訴法3条の7第6項），労働者が原告となり事業者を訴える場合には，労務給付地が日本にあれば日本で裁判をすることができる（民訴法3条の4第2項）。

■**併合管轄・反訴**

一つの取引紛争であっても，それを巡る訴えにおいては請求が複数になる場合がある。その請求すべてが，管轄合意や法定の管轄原因などにより管轄が肯定されれば良いが，そうでない場合には，裁判所は一部の訴えを却下することになる。もっとも，管轄を肯定される客観的な関連性（第一レベルの関連性）がある請求との紐付けが

第14章　国際民事訴訟　**217**

肯定されるほどの関連性（第二レベルの関連性）がある請求に対しては，管轄権の行使の対象を拡張することが認められている。

　すなわち，民訴法3条の6は「当該一の請求と他の請求との間に密接な関連があるとき」を条件として，本来訴えの却下に相当する請求であっても，第二レベルの「密接な関連性」が認められるかをテストし，これが認められると，同一の当事者間で複数の請求がなされる場合において，一方の請求につき管轄が認められれば他方についてもわが国での管轄権が肯定される（**客観的併合**）。

　さらに，民訴法38条前段の要件，すなわち「訴訟の目的である権利又は義務が数人について共通であるとき，又は同一の事実上及び法律上の原因に基づくとき」が充足された場合，数人のうちの一人について国際裁判管轄が認められることを条件に，その者たち全員に対してわが国の管轄権が肯定される（**主観的併合**）。

　なお，請求が本訴被告からなされることで請求が複数となる場合，いわゆる反訴であるが，この際も，「本訴の目的である請求又は防御の方法と密接に関連する請求を目的とする場合」には，第二レベルの関連性が認められ，反訴自体に管轄権が行使できるか否かを問わず，わが国の裁判所がこの訴えを判断することができる（民訴法146条3項）。

■特別の事情

　わが国に管轄権の行使が認められる場合でも，民訴法3条の9に規定される**特別の事情**が認められる場合には，例外的に裁判所は訴えを却下することができるとされる。ここで特別の事情とは，規定上「事案の性質，応訴による被告の負担の程度，証拠の所在地その他の事情」を考慮して，「日本の裁判所が審理及び裁判をすることが当事者間の衡平を害し，又は適正かつ迅速な審理の実現を妨げることとなる」事情を指す。そのような対応をとった公表裁判例は一

218　　第5編　国際紛争処理

定数存在する。ただし，わが国のみが管轄権を有する専属的管轄合意がある場合，日本の裁判所は特別の事情により訴えを却下することは認められない（民訴法3条の9かっこ書）。

○ 第2節　送達・証拠調べ

1　送　達

■送達制度と国境を越えた送達

　原告の訴えが受理された場合の訴訟の開始文書などにつき，その内容を被告に知らせることは被告への手続保障において重要であることはいうまでもない。わが国の国内事案では，この送達手続は裁判所主導でなされ，原則として郵送を通じて被告に届けることになっている。しかし，国境を越える場合には，「相手国の同意がない限り，国家は相手国の領域内で物理的な行為はできない」という国際法上の原則との関係で，国家機関たる裁判所の手続における送達は，相手国の同意がない限り主権侵害となるためできないと考えられている。そこで，各国は多数国間条約や二国間条約，その他の国家間の取決めに基づいて，国際送達を実施しており，相手国の裁判所を通じた送達（**裁判所送達**）や自国の領事等を介した送達（**領事送達**）が行われている。なお，米国等では，国家機関を介さずに原告から被告に郵便にて直接送達を行う制度（直接郵便送達）があり，国境を超えたケースでも実施されている。

■日本と送達に関する国家間取決めなど

　わが国では，民訴法108条により国際送達は裁判所送達と領事送達によるとされる。もっとも，上述の主権侵害との関係で相手国がこのような送達を容認していることが前提となる。この点，わが国

は，1954 年の「民事訴訟手続に関する条約」（民訴条約）（🔖14-2）及び 1965 年の「民事又は商事に関する裁判上及び裁判外の文書の外国における送達及び告知に関する条約」（送達条約）（🔖14-3）に加盟している。また，一定の国とは二国間条約が結ばれている。加盟国間ではこれら条約のルールに沿った送達がなされている。さらに，口上書の交換の形式でなされる二国間取決めがなされている場合もある。なお，このような取決めがない場合であっても当該国の裁判所が送達を応諾したケースやわが国の領事等による送達を容認したケースもある。なお，送達条約が適用される国からの直接郵便送達に対しては，これを有効としないとする宣言を日本は行っている。

2 証 拠 調 べ

■国境を越えた証拠調べ

民事訴訟において人証や物証は当事者の主張の裏付けを行うために重要であり，当事者が準備・収集する以外にも職権を行使して裁判所による命令などを通じてこの確保に努める必要がある。しかし，裁判所主導で外国に所在する証拠にアクセスする場合，国際送達と同様の主権侵害の問題が生じうる。そのため，証拠調べに際しても，相手国の同意の下，外国の裁判所などに証拠調べを嘱託し，受諾されることでそれが実現しうることになる。関連する多数国間条約としては，上記の民訴条約のほか，わが国は未加入であるが 1970 年の「民事又は商事に関する外国における証拠の収集に関する条約」がある。

■日本と国際証拠調べ

わが国では，民訴法 184 条が，外国においてすべき証拠調べは，

220　第 5 編　国際紛争処理

その国の管轄官庁またはその国に駐在する日本の大使，公使もしくは領事に嘱託してしなければならない，と規定する。その前提として，同様に相手国の同意が必要となることは，送達の場合と同様である。この点，前述の民訴条約のほか，米国・英国とは領事条約が根拠となる。そして，一定の国とは取決めがあり，また個別で証拠調べを容認したケースもある（📖14-4：外国の裁判所が日本に裁判文書の送達および証拠調べを要請する方法）。

Column 14-2　IT 化と国際送達・証拠調べ

　国内では 2022 年 5 月に民訴手続の一部を IT 化する改正法が成立した。本改正は国内事案に限ったものであるが，今後，インターネットを介した国際送達・証拠調べなどの可能性が模索されることになる。もっとも，上述した国際法上の原則の維持と現代的な IT での利便性の向上の間の相克の下，検討はなされているものの，2024 年 7 月現在特段の方針は示されていない。この問題を一国の法で決することは多くの困難が伴うことが想起されることから，今後の国境を越えた取決めの展開とそれへのわが国の対応が注目される。

◎ 第 3 節　外国判決の承認

1　総　説

■ 国際取引における外国判決承認執行制度の利用

　国際的な企業活動が活発化すると外国にしか財産を有しない相手方企業と取引をせざるを得ない事態も生じる。そのような場合に国際取引紛争が生じた際には，原告は，外国にある財産をも引き当てにして裁判に臨まなければならない。この点，原告が勝訴判決を得

た場合，外国に所在する財産への強制執行の必要があるが，その際，再度一からその国で裁判をする必要があるとすれば，裁判による権利の実現に支障をきたすことになる。そこで利用されるのが，**外国判決承認執行制度**である。ここでの承認とは外国判決を，同種の国内判決と同視して扱うことをいう。ただし，外国判決を承認できる場合でもその効果としての執行力については承認国に直接及ぼすことまでは認めず，改めて承認国で執行力を付与する手続が用意されている場合がある。わが国では後述する執行判決請求訴訟がそれにあたる。

■外国判決承認執行制度の現状

　多くの国では民商事事件についての外国判決の承認を認める自国法を有している。その存在理由は，国際的な視点での法政策から説明されている。つまり，ある国の裁判所の判断を他国で新たな訴えを経ることなく認めることは，訴訟当事者にすれば，判決国の1回の裁判で足りることになり，その権利の実現が容易になる点でメリットがあり，裁判所にとっては，判決国の判断を尊重することで，同一事件にその人的・物的・時間的資源を割かずに済む点がメリットといえ，そして，一国の判決を尊重することで，世界中でバラバラの判断が下るといった混乱が生じない，という点も当事者，裁判所双方にとって意義がある，とされる。この分野では，2019年の「民事又は商事に関する外国判決の承認及び執行に関する条約」が2023年9月1日に発効しており，注目される。なお，加盟国は2024年7月現在，28か国であるが，わが国は加盟していない。

■わが国の外国判決承認執行制度

　わが国では，民商事事件に関する外国判決の承認執行については，民訴法118条を中心に定めている。もっとも，外国判決の効力が無条件に内国に及ぶとまでは考えていない。一定の要件をクリアした

外国の民事判決のみが，わが国でも同等の効力が認められることになる。以下，この要件を中心に解説する。

2　わが国の承認要件

外国判決を承認する際にチェックされる要件は民訴法 118 条に規定されている以下の 5 つと理解されている。すべての要件の充足が必要であり，1 つでも合致しなかった外国判決は承認されない。

■「確定」「判決」であること（柱書）

確定とは，判決国においてこれ以上上訴が認められない状態を指す。よって，判決が下されていたとしても当該国で事件が上訴審に係属している場合には，承認の対象とならない。また，「判決」は，最判平成 10 年 4 月 28 日民集 52 巻 3 号 853 頁［百選 94 事件］によれば，「名称，手続，形式のいかんを問わず，私法上の法律関係について当事者双方の手続的保障の下に終局的にした裁判をいう」と広く解されているが，裁判所の関与が前提であり，たとえば公証人が作成する公正証書などは承認の対象とはならない。

■間接管轄があること（1 号）

次に，外国判決を下した裁判所が，その事件を扱う管轄権を有していることを必要とする。この管轄は，わが国で訴えを提起する場合の国際裁判管轄（直接管轄）と対比して，間接管轄と呼ばれる。間接管轄においても直接管轄と同様，被告や事件と裁判地との間に一定の関連性があったことが要求されるが，どの程度の関連性があれば良いかについては，国際的な取決めが存しない場合，結局各国で決する必要がある。わが国では，承認国側の視点で，判決国の裁判所が国際裁判管轄を有していたかについて判断する，という手法が取られている（最判平成 26 年 4 月 24 日民集 68 巻 4 号 329 頁［百選 92

第 14 章　国際民事訴訟　**223**

事件］参照）。具体的には，上述した国際裁判管轄のルール（民訴法
3条の2以下）が間接管轄の判断基準としても用いられる。

■裁判の開始文書の敗訴被告への送達または応訴（2号）

　開始文書が被告に届かずに裁判が始まった場合，裁判の開始すら
知らぬ前に敗訴する被告が出現しうることになる。このような状況
を黙認した裁判は，被告の手続保障の観点で問題があるため，承認
が求められたわが国において，当該外国訴訟の開始時に被告に適切
な通知がなされたか，もしくは，応訴があったか，といった点をチ
ェックすることになる。条約が存在するにもかかわらず，条約に定
められた方法を遵守しない送達がなされた場合も同様である（前掲
最判平成10年）。

■日本の公序に反しないこと（3号）

　外国判決の中には，国内の判決では下されることのない判断を内
容とするものもある。たとえば，米国の一定の州などで認められて
いる懲罰的損害賠償を命ずる判決は，悪性の強い不法行為について，
損害を補塡する額の賠償とは別の費目で，その数倍程度の損害賠償
を認めるものである。このような判決を無条件に認めることは，わ
が国の法秩序の維持の観点で望ましくないとされ，本要件が安全弁
として用意されている。もっとも，外国判決承認制度の趣旨に鑑み
て，本要件での承認拒絶は抑制的であるべきとされている。単に日
本に同じ制度がないから程度では公序違反とはせず，承認するとわ
が国の法秩序に甚大な影響を与えるほどの異質さを有する場合に
（最判平成9年7月11日民集51巻6号2573頁［百選96事件］は，制裁を
目的とする懲罰的損害賠償の支払を命じる米国カリフォルニア州の判決を
承認することはわが国の公序に反するとした），承認が拒絶されること
になる（懲罰的損害賠償については，→**第3章第6節** Column 3-2 も参
照）。

224　　第5編　国際紛争処理

加えて，外国判決の基礎となった訴訟手続がわが国の公序の観点から相容れない場合にも，当該判決のわが国での承認は拒絶される。もっとも，この場合も日本法上存する手続を踏まずに外国判決が確定したことの一事をもって，直ちに公序違反となるわけではない（最判平成31年1月18日民集73巻1号1頁［百選97事件］参照。同判決では，敗訴被告への判決書の写しの送達がない場合であっても直ちに公序違反とはいえないとし，公序判断に際しては，被告における判決内容の実際上の了知の有無に着目すべきとする）。

■相互の保証があること（4号）

　この要件は国家間の相互主義を前提としている。つまり，「そちらの国が承認してくれるなら私の国も承認する」という発想の要件である。もっとも，これを貫くと，相手国にわが国判決の承認例がない場合の対応に苦慮することになる。この点，判例（最判昭和58年4月19日民集37巻3号321頁）は，相互の保証があること，とは，わが国で承認が問題となっている判決と「同種類」の判決を，判決国もわが国と同等の条件の下で承認すること，としている。その結果，相手国に承認例がない場合でも，その国の具体的な外国判決承認規定や判例を頼りに，わが国で率先して承認する裁判例が散見される。ただし，上記基準に照らしても中国については，判決の相互承認が期待できない状況にある。

3　わが国の承認・執行手続

■自動承認と実質的再審査の禁止

　承認に際しては特別な手続が用意されていない（自動承認）。また承認要件以外に，外国判決の当否を問う判断をすることは認められていない（**実質的再審査の禁止**：民執法24条4項参照）。よって，たと

第14章　国際民事訴訟　　225

えば，債務不存在確認判決が外国でなされ，それが上記の承認要件を充足する場合には，その効力は当然にわが国に及ぶことになるため，仮に後訴として前訴で敗訴した被告より，わが国で当該債務の不履行を理由とする損害賠償請求訴訟が提起された場合，すでに債務の不存在が外国判決により確定していることを前提として，裁判所は対応することになる。

■外国判決の執行手続

　上述のとおり自動承認が原則であるが，外国で出された判決が給付判決の場合，その実現のための強制執行手続に際しては別途わが国の国家権力を用いる必要があることから，慎重を期すため，現状，裁判所による審査のための制度が用意されている。これが執行判決請求訴訟であり，それが認容されて得られる判決は外国判決と一体として，わが国民事執行法上の債務名義となる（民執法22条6号参照）。

第15章
国際仲裁

取引から生じた紛争が，担当者同士の交渉により解決できない場合には，国家の運営する裁判の利用が国内取引では思い浮かぶであろうし，前章では国家裁判所を利用した紛争解決について学んだ。しかし使用言語が裁判地の公用語となること，国ごとの手続法の違いから生じる国際裁判管轄の問題，また，送達および証拠調べの困難さがあることも同時に学んだ。そして，外国判決の承認執行も簡単には行うことができないことも学修した。

以上のような状況から，国際取引においては，裁判以外の紛争解決方法である仲裁の利用が盛んである。以下では，仲裁について手続の進行順に説明をしていく。そうすることで，仲裁手続の概要を理解するとともに，仲裁を利用することでどのように国家裁判所による国際取引紛争解決の課題を克服しているかが理解できるだろう。

1 仲 裁 と は

仲裁（arbitration）とは，紛争の解決を独立・公正な第三者の判断に委ね，その者の判断に従うという合意に基づいて行われる紛争解決手続である。独立・公正な第三者のことを「**仲裁人**」といい，仲裁人の判断のことを「**仲裁判断**」といい，紛争の解決を仲裁人の判断に委ね，仲裁判断に従うという合意を「**仲裁合意**」と呼んでいる。

第 15 章 国際仲裁 **227**

仲裁には，①当事者が仲裁人を選択することができること，②当事者がその合意により仲裁手続の内容を決めることができること，③一審制であること，④仲裁手続や仲裁判断は原則として公開されないこと，⑤条約の存在により仲裁判断の執行が世界的に容易であること，などの特徴がある。

2　仲裁と仲裁合意

　管轄さえあれば手続への参加が強要される裁判とは異なり，仲裁を利用するためには，当事者間での**仲裁合意**が必要である。仲裁合意は，「既に生じた民事上の紛争」または「将来において生ずる一定の法律関係に関する民事上の紛争の全部又は一部」について，仲裁人の判断に委ね，その判断である仲裁判断に従うという合意である（仲裁法2条1項・15条1項）。

3　仲裁手続の概要

仲裁手続の流れは，概ね以下のとおりとなる。

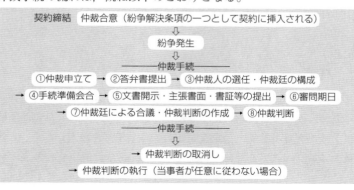

| Column 15-1 | 仲裁機関 |

　当事者が仲裁手続の内容を決めることができるといっても，ゼロから仲裁手続を組み立て，円滑に手続を実施することは容易ではない。また紛争が生じている状態では，仲裁手続について当事者の合意を形成することが難しい場合もある。そのため，仲裁機関の用意する仲裁規則に従った仲裁が行われることが一般的である。なお，仲裁規則は仲裁手続きに関する当事者の合意となる。

　仲裁機関は，仲裁手続が円滑に進行するよう仲裁規則を用意するほか，仲裁手続に関する事務手続，審問室の提供，仲裁人リストの作成などをサービスとして提供している。

　仲裁機関としては，ICC 国際仲裁裁判所，アメリカ仲裁協会（AAA, American Arbitration Association），シンガポール国際仲裁センター（SIAC, Singapore International Arbitration Center），ロンドン国際仲裁裁判所（LCIA, London Court of International Arbitration），日本商事仲裁協会（JCAA, Japan Commercial Arbitration Association）など，各国に仲裁機関がある。また，スポーツ仲裁裁判所（CAS, Court of Arbitration for Sport）や投資紛争解決国際センター（ICSID, International Centre for Settlement of Investment Disputes）などのように，特定の分野に特化した仲裁機関もある（各仲裁機関のウェブサイトについて→🌐15-1）。

4　仲裁に適用される法規範

■国家法としての仲裁法と仲裁に関する条約

　各国には仲裁法があり（たとえばわが国であれば仲裁法がある），仲裁合意の効力，仲裁人の選任手続，審問手続のあり方，仲裁判断の効力，仲裁判断の執行・取消しに関する規定などの仲裁手続に関する基本的な事項が定められている。そしてこれらの規定の多くは任意規定である。わが国の仲裁法もそうであるように，UNCITRAL

国際商事仲裁モデル法（モデル法）に準拠して仲裁法が立法される国（2024 年 7 月現在 126 の法域→🔖15-2：UNCITRAL 国際商事仲裁モデル法採用国一覧）も多く，その内容は国際的に類似している。また，モデル法を採用していない国（イギリス，フランス，スイスなど）であったとしても仲裁法の内容は類似している。

　なお，統一条約も整備されており，「**外国仲裁判断の承認及び執行に関する条約**」（ニューヨーク条約）（🔖15-3）があり，仲裁判断の承認・執行の仕組み，仲裁合意の効力の承認のための制度・法的基盤を国際的に提供し，2024 年 7 月現在 172 か国が加盟している。国家裁判所の判決と比べ仲裁判断の執行力が格段に高いのはニューヨーク条約のおかげである。

■ 仲裁法の適用と仲裁地

　どこの国の仲裁法が適用されるのかは，仲裁地により定まる。たとえば日本の仲裁法は，原則として，仲裁地が日本国内にある場合に適用される（仲裁法 1 条・3 条 2 項）。

　仲裁地とは，仲裁手続と当該仲裁手続に適用される仲裁法を決定するための法的概念であり，手続準備会合や審問を実際に行う物理的な場所とは異なる概念である。つまり，仲裁地は東京であったとしても，手続準備会合や審問は必ずしも東京で行う必要はなく，シンガポールやニューヨークやロンドンなどで行っても構わない。仲裁地は当事者が合意によって決定する。当事者間に合意がない場合（仲裁機関の規則にも定めがない場合），仲裁廷が定める（仲裁法 30 条）。

Column 15-2　　2023 年仲裁法などの改正

　2003 年におよそ 100 年ぶりに改正された仲裁法によってわが国の仲裁法制は大きく現代化した。その後，仲裁法を改正するに当たって準拠

したモデル法は 2006 年に改定版が公開された。また，経済取引の国際化の進展などの仲裁を巡る諸情勢の変化もあり，仲裁利用者の利便性の向上を図る必要もあった。これらの情況に鑑み，仲裁廷による暫定措置（保全措置），東京・大阪の両地方裁判所での仲裁関連事件に関する管轄権の拡大，仲裁合意の書面性要件の緩和，および執行決定申立ての際の訳文添付の省略に関する規定に関する仲裁法改正が 2023 年に行われた。

　仲裁法の改正に合わせ，シンガポール条約の国内実施のために調停による国際的な和解合意に関する国際連合条約の実施に関する法律（シンガポール条約実施法）が制定された。また，裁判外紛争解決手続の利用の促進に関する法律（ADR 法）も改正し，同法に基づき認証された紛争解決機関による和解のうち特定の和解合意についても執行力が与えられることになった。

■ 仲裁機関の規則の役割

　仲裁法の規定の多くは任意規定である。したがって，仲裁人の利害関係開示義務（仲裁法 20 条 3 項・4 項）などのような強行規定による定めがある場合を除き，当事者の合意があればそれが優先する。しかし当事者が仲裁手続のすべてについて一から合意するのではない。一般的には仲裁機関が利用され，各仲裁機関は**仲裁規則**を用意している。当事者が当該仲裁機関を利用する旨の仲裁合意を締結することによって，仲裁規則は仲裁手続についての当事者の合意内容として仲裁手続を規律する。

5　仲裁合意の効力・仲裁合意のドラフティング

■ 仲裁合意の効力

　当事者間に仲裁合意があるにもかかわらず，いずれか一方の当事者が裁判所に訴えを提起したとしても，仲裁合意があることを本案

前の抗弁（妨訴抗弁）として提出すると，当該訴えは，却下される（仲裁法16条1項）。日本以外の国においても，仲裁合意の存在は妨訴抗弁として働くため，仲裁合意の対象となる紛争について裁判の利用はできない（モデル法8条1項，ニューヨーク条約2条3項など）。ただし，仲裁合意が無効，取消しその他の事由により効力がない場合，仲裁合意に基づく仲裁手続を行うことができない場合，または裁判において被告が本案について弁論もしくは弁論準備手続における申述をした後に仲裁合意の存在を妨訴抗弁として提出した場合には，訴えは却下されない（仲裁法16条1項各号）。

　なお，仲裁合意を含む契約（主契約）が無効や取消になったとしても，仲裁合意は当然には無効にならない（仲裁法15条7項）。このことを仲裁合意の**分離可能性**という。

■ **仲裁合意の有効性**

　仲裁合意が有効なものと認められるためには，以下の仲裁法上の要件を充たす必要がある。

(a) 仲裁可能性があること（仲裁法15条1項）　　当事者が和解をすることのできる民事上の紛争を対象とした仲裁合意でなければならない（仲裁法2条・15条1項）。たとえば，国際取引における売買契約，サービス契約，ライセンス契約などは，仲裁合意の対象となる民事上の紛争である。他方で，知的財産権の有効性そのものが争われる場合などは当事者が和解をすることができないので，仲裁合意の対象にできない。なお，離婚または離縁に関する紛争は和解をすることができるが，仲裁合意の対象とすることはできない。

(b) 一定の法律関係に関する紛争を対象とする仲裁合意であること（仲裁法2条1項）　　仲裁合意の対象となる紛争の範囲は，たとえば「ある特定の契約に関連する紛争」とするなど，その範囲を一定のものにしなければならない。「両当事者間で生じるすべての紛

争」とした場合，紛争の範囲が一定のものではないため，仲裁合意として認められない。

(c) 書面性等の形式的要件を充たすこと（仲裁法 15 条 2 項〜6 項）

仲裁合意は書面でしなければならない。なお，電子メールなどの電磁的記録を介した合意も，契約書中において他の文書を引用する形でも，書面によってなされたものとされる。

なお，仲裁合意も契約の一種であるため，仲裁合意を成立させるためには，仲裁合意をしようとする当事者に仲裁合意をする能力・権限がなければならず，当該当事者間に仲裁合意をするという意思の合致がなければならない。これらの問題は**仲裁合意準拠法**（→Column 15-3 参照）により判断される。

Column 15-3　仲裁合意準拠法

当事者は仲裁合意準拠法の選択をすることができ，黙示的な準拠法選択も認められる（最判平成 9 年 9 月 4 日民集 51 巻 8 号 3657 頁［百選 106 事件]）。しかし，どの点に着目して黙示的な準拠法選択と認めるかについては，仲裁合意を含む契約書本体の準拠法選択をもって仲裁合意についての黙示的な準拠法の合意であると考える立場と仲裁地の選択が仲裁合意準拠法の黙示的な合意であると考える立場がある。仲裁合意準拠法について当事者があえて定めることは少ないが，主契約準拠法や仲裁地法と異なる地の法を仲裁合意準拠法としたいのであれば，その旨を仲裁条項において明確にしておくべきであろう。

■仲裁合意のドラフティング

仲裁合意は，契約書の紛争解決条項の一つとして挿入されるのが一般的である。仲裁を利用するためには，仲裁合意の存在が欠かせない。仲裁合意が無効なものとならないように，各仲裁機関は，**標**

準的推奨条項や**推薦仲裁条項**を用意してウェブサイトで公開し，仲裁ユーザーの便宜を図っている。これらの条項を利用することによって当該機関における仲裁手続が円滑に進むようになっているため，文言に修正を加えることは控える方がよい。しかしながら，仲裁地，仲裁人の数，仲裁手続言語などが追加的に定められることがある（仲裁条項サンプルについて→🔖14-1）。

■**仲裁合意の有効性が争われる場面**

　仲裁合意の有効性はさまざまな場面で争われることがある。仲裁合意があるにもかかわらず当事者の一方が裁判所に訴えを提起する場合，仲裁手続中に仲裁廷の管轄権が争われる場合，仲裁判断の取消手続において，そして，仲裁判断の承認・執行手続においてである。

6　仲裁廷の構成と仲裁人

■**仲裁廷とその権限**

　仲裁申立後，被申立人からの答弁書やその他主張書面などのやり取りと並行して，仲裁廷が構成される。仲裁廷は，1人または複数の仲裁人から構成され，仲裁に付託された紛争について証拠調べや証人尋問をはじめとした仲裁手続を指揮し進行させ，仲裁判断をする権限を持つ。

　仲裁廷は，当事者から仲裁合意の存否や有効性に関する主張がなされた場合などに，自己の仲裁権限の有無について判断することもできる（仲裁法25条1項）。

　仲裁廷には手続続行権があり，たとえば当事者によって仲裁廷の仲裁権限の有無について裁判所に判断を求める申立て（仲裁法25条5項）や仲裁人の忌避申立てが裁判所に係属している間であっても

234　第5編　国際紛争処理

（仲裁法 21 条 5 項），仲裁手続を続行できる。

■仲裁廷の構成

仲裁人の数や**仲裁人**の選任手続については当事者が合意によって決めることができ（仲裁法 18 条・19 条），機関仲裁の場合には仲裁機関の規則による。通常 1 名あるいは 3 名などの奇数名の仲裁人から構成される。たとえば 1 名の仲裁人による場合は，当事者が合意により仲裁人を選任する場合や仲裁機関が選任する場合がある。3 名の仲裁人による場合は，各当事者が 1 名選任し，選任された 2 名の仲裁人が合意により 3 人目の仲裁人を選任する場合が多い。仲裁機関によっては，当事者が選任した仲裁人について，仲裁機関による確認を経なければ仲裁人として選任されない場合もある。

なお，仲裁廷の数や仲裁人の選任手続について当事者の合意がない場合には，裁判所がそれぞれ決定する（仲裁法 18 条 3 項・19 条 2 項～6 項）。

■仲裁人の公正性・独立性

仲裁人になるための資格要件はなく，弁護士・裁判官・法学系の大学教員などの法律家のほか，業界関係者が仲裁人となることが多い。しかし，当事者の紛争を上訴制度なしに最終的に解決することができるという点で仲裁人は裁判官以上の権限を持っており，また，私人による紛争解決手段である仲裁を法システムの中で正当化するためにも，仲裁人を当事者が選択できるが，仲裁人には高度の公正性と独立性が求められる。具体的にいえば，公正性と独立性を疑うに足りる相当な事由がある場合には当事者による**忌避申立て**の対象になり（仲裁法 20 条 1 項 2 号），仲裁人には**利害関係開示義務**が課されている（同条 3 項・4 項。後述）。さらに，仲裁手続中，当事者は平等に取り扱われ，十分な攻撃防御の機会が与えられなければならない（仲裁法 27 条）。

第 15 章　国際仲裁　235

■仲裁人の利害関係開示義務

仲裁人就任の依頼を受けた者は就任する前および就任後仲裁手続中継続して，自己の独立性・公正性に疑義が生じるおそれのある事実を合理的な調査をした上で開示しなければならない（仲裁法 20 条 3 項・4 項および最決平成 29 年 12 月 12 日民集 71 巻 10 号 2106 頁）。

どのような事実が仲裁人の独立性・公正性に疑義が生じるおそれのある事実に当たるのかは，国際法曹協会（IBA, International Bar Association）が作成した「**国際仲裁における利益相反に関する IBA ガイドライン**」（🔖15-4）に照らして判断されることが国際的にもデフォルトルールとなっている。

■仲裁人の忌避

公正性・独立性を疑うに足りる相当の理由がある仲裁人に対しては忌避の申立てをすることができる。具体的な忌避の手続は当事者が合意によって定めることができ（仲裁法 21 条 1 項），機関仲裁であれば，仲裁規則中に規定がある。当事者の合意に基づいてなされた忌避の手続に対して不服がある場合に当事者は裁判所に忌避の申立てをすることができる（仲裁法 21 条 4 項）。

7 審 理 手 続

■審理手続に関する法規範・仲裁規則

審理手続は当事者の合意により定めることができ，多くは仲裁規則に従うことになる。仲裁規則に定められていない事項については，理論的には仲裁地の仲裁法に従うことになるが，仲裁法も当事者の平等取扱いや主張立証の十分な機会の付与についての規定がある程度である（仲裁法 27 条）。そこで，仲裁廷の指揮に任されることになるが，その際に「**IBA 国際仲裁証拠調べ規則**」（🔖15-5）が仲裁廷

236 第 5 編 国際紛争処理

の指揮権の範囲で利用されるか，仲裁当事者間の合意を伴って利用されることもある。

■ 審理手続の具体的内容

　仲裁廷が構成されると，当事者あるいは代理人と仲裁廷が集まり，迅速かつ効率的な仲裁手続進行のために審理計画を策定する手続準備会合が行われ，主張書面や証拠の提出スケジュール，審問における証人尋問の方法や期日などを決めることが多い。仲裁機関によっては，**手続準備会合**が終わると当事者および仲裁人による署名が求められる**付託事項書**（terms of reference）や手続予定が作成される。

　手続予定に沿って双方の主張・立証活動が書面によりある程度行われた時点で審問が行われる。審問では，証人に対する主尋問・反対尋問などが行われる。

8　暫定保全措置

　仲裁手続が終了するまで待っていては取り返しのつかない損害が発生する場合や，仲裁廷の審理を妨げる行為，および，仲裁手続の審理のために必要な証拠の保全などに対応するため，仲裁廷は，一方の当事者の申立てにより，当事者に対して暫定的な措置，すなわち**暫定保全措置命令**をすることができる（仲裁法 26 条。別段の合意をすることもできる）。暫定保全措置命令に従わない当事者に対しては，暫定保全措置命令を申し立てた当事者は，暫定保全措置の執行認可決定や違反金支払命令を求める申立てを裁判所に対してすることができる（仲裁法 49 条・51 条）。裁判所は，仲裁法 49 条 7 項各号に定める事由がある場合に限り，当該申立てを却下することができる。

第 15 章　国際仲裁　　**237**

9 仲裁判断，その取消および執行

■仲 裁 判 断

　審理が終結し，当事者が十分に主張立証を尽くし，仲裁人が仲裁判断を下すのに必要な心証を得ると審理は終結する。審理終結後，仲裁廷は審議の上，仲裁判断を下す。その際仲裁廷は，原則として法（当事者が合意により定めた法，それがない場合には仲裁廷が紛争に最も密接な関係がある国と認める法）を適用して仲裁判断をする（仲裁法38条）。

■仲裁判断の取消し

　仲裁は一審制であり，裁判手続における控訴，上告のような通常の不服申立て手続はないが，①仲裁合意が無効である場合，②仲裁手続における最低限の手続保障がなされていないなどの瑕疵がある場合や，③仲裁判断の内容が公の秩序または善良の風俗に反するような場合など仲裁判断取消事由（仲裁法46条1項各号）がある場合には，**仲裁判断の取消し**を仲裁地の裁判所に求めることができる。仲裁判断取消の申立てを受けた裁判所は，仲裁判断取消事由がある場合に限り仲裁判断を取り消すことができ（同条5項），取消事由が存在していたとしてもそれが軽微である場合には取り消さない場合もある。

■仲裁判断に基づく執行

　仲裁判断に任意に従う当事者が多いといわれているが，従わない者もいる。仲裁判断は，ニューヨーク条約や執行が求められた国の国内法に基づき，国内外を問わず拘束力・執行力が原則として与えられる（ニューヨーク条約3条，仲裁法47条）。ただし，ニューヨーク条約5条や仲裁法47条2項などに限定列挙された①仲裁合意が無効である場合，②仲裁手続に瑕疵がある場合，③仲裁判断の内容が

238　第5編　国際紛争処理

執行国における公の秩序または善良の風俗に反する場合などの執行拒否事由（基本的には仲裁判断取消事由と同一である）がある場合に，執行を求められた裁判所は，仲裁判断に基づく強制執行を認めないことができる。

なお，日本では，仲裁判断には確定判決と同一の効力があるが，仲裁判断を債務名義として強制執行をするためには執行決定が必要である（仲裁法 47 条 1 項）。

10　仲裁にかかるコスト

裁判所の運営費用が税金で賄われているのに対して，仲裁にかかる費用は当事者がすべて負担するためかなりの費用となる。それでもなお，仲裁のメリットとして費用の安さが挙げられるが，それは，仲裁が一審制であることによる。つまり，紛争解決にかかる期間が裁判と比較した場合に短く，手続遂行にかかる代理人費用などが安くなるためである。

Column 15-4　投資協定仲裁

■投資協定仲裁が利用される場面

投資家が外国においてした投資（国際投資。この点に関しては**第 8 章第 4 節**も参照）に対して，投資受入国が収用や法規制の変更をすることにより，投資家の財産が毀損され損害が生じ，紛争が生じることがある。このような場合，投資家は，投資家の所属国に対して救済を求めるか（外交保護），投資受入国の裁判所で投資受入国に対して損害賠償を求めることが考えられる。しかし，外交保護はなかなか発動されないし，投資受入国裁判所の中立性への疑問や裁判遅延などにより，これらは現実的なオプションではない。そこで国家裁判所を利用しない仲裁が利用され

ている。

■投資協定仲裁と二国間投資協定

仲裁の利用には仲裁合意が必要である。この点につき，投資環境の整備のために二国間投資協定（BIT，名称は経済連携協定や自由貿易協定などさまざまある）が締結されている。全世界では 2800 を超える **BIT** が存在し，日本は 38 の BIT に署名している（2024 年 9 月現在）。これらの BIT では，投資受入国が投資家に与える投資保護の具体的内容（公正衡平待遇義務，内国民待遇義務，最恵国待遇義務，収用に関する義務など）が定められるほか，投資家と投資受入国の間で投資を巡って紛争が生じた場合に仲裁の利用が可能となる条項（仲裁合意）が規定されている（投資協定の例として→🔷8-4）。

■投資協定仲裁と ICSID

投資家と投資受入国との間における紛争の解決のために利用できる仲裁手続は BIT に規定されている。民間の仲裁機関や常設仲裁裁判所（PCA, Permanent Court of Arbitration）の利用もあるが，多くは ICSID が利用される。ICSID は，ICSID 条約（国家と他の国家の国民との間の投資紛争の解決に関する条約。🔷15-6）に基づいて設立され，同条約と ICSID 仲裁規則が ICSID での仲裁手続に適用される。

■投資協定仲裁判断の執行

ICSID 条約に従って仲裁手続が行われた場合，同条約の締約国は，仲裁判断を自国の裁判所の確定判決とみなして締約国領域において執行する義務を負う（ICSID 条約 54 条）。その他の仲裁機関が利用された場合には，ニューヨーク条約，BIT，あるいは，執行が求められた国の国内法に従って仲裁判断の執行が行われることになる。

Column 15-5　国際調停

■国際取引と調停

調停（mediation）は，当事者の合意（調停合意）に基づいて，当事者からは独立・公正な第三者である調停人が，紛争を和解によって解決することを目指した当事者間の話し合いを主宰し，紛争の解決に助力するも

のである。調停が奏功した場合には和解契約が当事者間で締結されるが，和解に至らない場合には調停は終了する。

わが国の裁判所では，裁判手続き中に裁判官が和解勧試し，裁判官主導で調停がなされることがあるが，国際取引紛争で利用される調停手続はこれとは異なり，あくまでも調停人は当事者の交渉・話合いの手助けに徹するもの（いわゆる Facilitation 型）が主流である。

調停を専門とする国際的な機関は仲裁機関と比べると少ないが，仲裁機関が調停手続も用意している。

また，調停による国際的な和解合意に関する国際連合条約（**シンガポール条約**，2024 年 9 月現在 58 か国が署名→🖼15-7：締約国・署名国一覧）が2018 年に採択された。日本は 2023 年 6 月に国会承認を行った。この条約は国際的な和解合意に執行力を与えるものである。

仲裁にかかる費用と時間が増加していることや，シンガポール条約の存在により，積極的に調停を活用しようとする動きがあり，今後も利用の増加が予想される。

■ 調停の結果としての和解契約とその執行力

調停を利用し和解に至ったとしても，それは和解契約であるため判決や仲裁判断などのように執行力が与えられず，和解契約の内容を強制的に実現したい場合には，さらに裁判を行うか，和解後の仲裁手続において和解内容を仲裁判断とするなど，執行力のある判決・仲裁判断を得る必要があった。しかし，国際的な商事紛争にかかる和解合意に執行力を付与するシンガポール条約によって上記の課題は大きく克服されることになるだろう。

■ シンガポール条約とその国内実施法，適用範囲

シンガポール条約 3 条 1 項によれば，各締約国は条約および国内法に従って，和解合意を執行する。日本については，シンガポール条約実施法（以下「実施法」という）によることになる。

シンガポール条約が対象とする和解合意は，商事紛争に関する調停によりなされたものに限定される（同条約 1 条 1 項・2 項，実施法 4 条 1 号・2 号・3 号）。したがって，個人（消費者・労働者）が当事者となっている

紛争や人事および家庭に関する紛争は対象外である。また，国際性を有する和解合意のみが対象である（条約1条1項，実施法2条）。なお，裁判所が関与した和解合意であって和解合意が成立した国において確定判決と同様に執行可能な和解合意（条約1条3項，実施法4条5号）や仲裁判断化された和解合意（条約1条3項，実施法4条5号）もシンガポール条約の適用対象から除かれる。

■ シンガポール条約とその国内実施法に基づく和解合意の執行

　シンガポール条約に基づき和解合意に基づき強制執行するためには，和解合意の内容が記載された書面および調停人などが作成した和解合意であることを証明する書面を裁判所に提出し，執行決定の申立てをする（実施法5条1項・2項）。裁判所は，①和解合意が無効である場合，②和解合意に基づく債務が消滅している場合，③調停人が調停規則に違反しかつその違反が重大であり和解合意の成立に影響を及ぼす場合，④調停人が自己の公正性または独立性に疑いを生じさせるおそれのある事実を開示せず，当該事実が重大であり和解合意の成立に影響を及ぼす場合，⑤和解合意の対象事項が日本の法令によれば和解の対象とできない場合，⑥和解合意に基づく執行が日本における公序良俗に反する場合に執行決定の申立てを却下することができる（実施法5条12項）。

おわりに

　本書の共同編者の一人である私は，ここ数年，在住する東京から関西に出張する際，その行き帰りのどちらかに東海道新幹線の「岐阜羽島」駅で途中下車することを習慣にしている。そこから車で30分ほど行った小さな町に，最も親しい友人であった古田啓昌弁護士のご実家があり，そちらを訪ねて古田先生のご位牌にお線香をあげて，古田先生のお母様とさまざまなお話をすることが目的である。

　本書の企画は，古田先生がご存命の時に，新進気鋭の若手研究者たち（小川和茂先生，羽賀由利子先生，小池未来先生）が古田先生に企画の中心になってもらうことをお願いしたことから始まった。古田先生は，わが国を代表する国際弁護士の一人であると同時に，国際民事紛争処理に関するさまざまな優れた書籍や論文を発表しており，さらに，母校である東京大学を中心にいくつかの大学で教鞭もとられていた。法制審議会等を通じて立法作業にも関与しており，まさに本書のテーマである「国際取引法」に関する実務と理論の双方におけるわが国の第一人者であった。そうでありながら，学会や研究会における古田先生は，一方で鋭い質問で法的な議論をリードしつつ，他方で議論終了後には若手研究者たちとフランクに交流する優しい先輩であり，そんな古田先生に，若手研究者が本書の編者をお願いしたことは，至極当然の流れであった。

　ところが，2021年12月，古田先生は突然にこの世界から去ってしまった。

　初めて古田先生にお会いしたのは1992年のことであった。米国ハーバード大学での留学中に書き始めた「国際訴訟競合」に関する

ご自身の論文の中で生じた疑問点につきヒントを得るため，東京大学の法学研究室で国際民事手続法の研究を始めたばかりの私を，古田先生はわざわざ訪ねてくれたのであった。それ以来，同じ分野を研究する同士としてさまざまに議論を絶やしたことはなく，また，長年に亘って大学での講義も共同で担当した。さらに，私自身が弁護士登録を行い実務に参入してからは，実務家として同一事件の解決に共同で奔走することも少なくはなかった。近年においては，「国際仲裁の活性化に向けた基盤整備」という国家プロジェクトに共同で関与し，さまざまな成果があがりつつあった。そうした中，30年に及ぼうとする古田先生との親交が，突然に絶たれてしまったのであった。ご逝去の報に接した当時の私はまったくもって茫然として，しばらくの期間，何もできなくなった。

　そのことは上記の3人の若手研究者においても同様であったが，このままではせっかくの本企画が実現せずに終わってしまう。そこで彼らは，当初から私を共同編者に加えることが古田先生のお考えであったことを理由に，古田先生の代役として私を指名してくれた。本企画が流れてしまえば古田先生も心残りであろうから，私にとって断る理由はない。またそのような経緯を踏まえ，「国際取引法」分野においては現在のわが国の第一人者である森下哲朗先生も，共同編者として本企画を支えてくれることになった。森下先生も，学会や研究会で古田先生と長らく研究活動をともにしており，また，同じ時期に東大の法学研究室の門を叩いて以来，私とも30年以上に亘りさまざまに研究活動をともにしてきた方である。

　以上のような経緯の末，古田先生の代役として，森下先生とともに本書の編集作業を行わせていただき，本書は完成に至った。森下先生の大所高所からのご指導には，厚く御礼を申し上げたい。もっとも，編集作業の実質については，上記3人の若手研究者の力によ

るものも非常に大きい。ここに記して，感謝の意を表したい。また，内容面に関しては，その3人の若手研究者が，同世代の他の新進気鋭の若手研究者に声がけをしてくれ，その先生方が執筆者として参加してくれることで，このように素晴らしい内容の書籍として結実することができた。そのための全執筆者の並々ならぬ努力に対して，どのように謝辞を述べてよいのかわからない。あらためて心からの御礼を申し上げたい。

　さらに，企画段階から執筆段階，最終的な編集作業の段階というすべての過程において，株式会社有斐閣の一村大輔氏の懇切丁寧なアレンジ，叱咤激励がなければ，本書が完成することは決してなかった。一村氏に対しては，最大限の感謝の意を表したい。また，編集作業の後半で献身的なご努力をいただいた同社の入田萌衣氏に対しても，御礼を申し上げたい。

　古田先生のご逝去の2週間前に受け取った最後の電子メールは，以下のような内容のものであった。「昨日は本当に有り難うございました。持つべきものは良き友人と再認識しました」。それは，少し健康を害していた古田先生を元気づけるため，一緒にJAZZのライブ演奏を楽しんだ翌朝の便りであった。古田先生に代わって編者を務めさせていただいた本書がついに完成した今，本書を読了した天国の古田先生が，もう一度だけ言ってくれるとしたら，これ以上の私の喜びはない。「持つべきものは良き友人と再認識しました」と。

本書を亡き古田啓昌先生に捧ぐ

2024年8月15日

編者を代表して

早川　吉尚

さくいん

A〜Z

Bill of Exchange →為替手形
Bill of Lading →船荷証券
BIT →二国間投資協定
B/L →船荷証券
BOT 型……………………………………120
CFR ……………………………………61, 63
CIF ……………………………………61, 63
CIP ……………………………………61, 62, 63
CISG ……………………………42, 125, 135
　　——の適用排除 ………………47, 48
　　——の統一的解釈…………………48
　　——の部分的な排除または変更……47
　　——の黙示の排除…………………47
CPT ……………………………………61, 62
Cross Default ………………………164
DAP ……………………………………61, 62
D/A 条件 →手形引受書類渡条件
DDP ……………………………………61, 62
DPU ……………………………………61, 62
D/P 条件 →手形支払書類渡条件
GDPR →欧州一般データ保護規則
EXW……………………………………61, 63
EPA →経済連携協定
EPCC……………………………………120
EPCI……………………………………120
EPC 型…………………………………120, 125
FAS ……………………………………61, 63
FCA ……………………………………61, 62
FOB ……………………………………61, 63
FOB（型）………………………………119
FOB＋SV 型 …………………………119

FTA →自由貿易協定
GATT →関税及び貿易に関する一般協定
GI（Geographical Indication） → 地理的表示
IBA 国際仲裁証拠調べ規則 …………236
ICC（協会貨物約款）→協会貨物約款
ICC（国際商業会議所）→国際商業会議所
ICSID →投資紛争解決国際センター
IMF →国際通貨基金
L/C →信用状
Letter of Credit →信用状
Letter of Intent ……………………123
Lex mercatoria………………………20
LOI →Letter of Intent
M&A ……………………………………143
　　——契約 ……………………………143
MAR フォーム …………………………92
Material Adverse Change ………164
Negative Pledge……………………164
OECD モデル租税条約 ………………154
OEM ……………………………………74
Pari passu……………………………164
PE →恒久的施設
Risk of Loss…………………………122
SDR →特別引出権
SWIFT …………………………………98
Terms of reference →付託事項書
TRIPS 協定……………………………104, 186
T/T →電信送金
UCP600 ………………………………97
UNCITRAL →国連国際商取引法委

員会

UNCITRAL 国際商事仲裁モデル法
…………………………………………229

UNCTAD →国連貿易開発会議

UNIDROIT 国際商事契約原則……30, 72

WTO →世界貿易機関

WTO 協定 …………………………185

あ 行

アサイン・バック条項 …………109
アレンジャー ……………………164
暗号資産 …………………………159
安全保障貿易管理 ………………125
アンチ・ダンピング（AD）措置 …186
安定化条項…………………………31
域外適用……………………………23, 177
一手販売店 ………………………133
インコタームズ …………43, 47, 60, 92
受戻証券性…………………………89
裏書禁止文言………………………89
運送書類 ……………………………87, 91
営業秘密 ……………………………105, 123
役務提供契約………………………46
エージェント ……………………164
エンジニアリング協会 …………128
エンティティー・リスト …………184
欧州一般データ保護規則 …………199
オーストラリア・グループ ………126
オールリスク担保…………………93

か 行

外航貨物海上保険…………………92
解雇規制 …………………………206
外国会社 …………………………139
外国為替令 ………………………127
外（国）人法 ……………………11, 13

外国仲裁判断の承認及び執行に関する
条約 →ニューヨーク条約

外国倒産処理手続の承認援助に関する
法律 ………………………………149

外国判決承認執行制度 ……………222
海上運送状………………………………91
海賊版 ……………………………112
外為法…………………22, 126, 127, 140, 142, 147
買戻し特約…………………………96
加害行為地法………………………36
化石化条項…………………………31
仮想通貨 →暗号資産
貨物海上保険契約…………………92
空上訴 ……………………………189
為替相場 …………………………158
為替手形 …………………………95
為替予約 …………………………159
管轄合意 …………………………213
関税及び貿易に関する一般協定………21
関税障壁 …………………………17, 186
間接管轄 …………………………223
間接金融 …………………………160
間接投資 …………………………147
間接保有 …………………………168
カントリーリスク ………………146
危険移転……………………………54
──の時期…………………………55
擬似外国会社 ……………………140
技術移転 …………………………123
帰属主義 …………………………155
客観的併合 ………………………218
キャッチオール規制 ……………126
協会貨物約款………………………92
強制通用力…………………………158
競争法 …………………109, 127, 137, 174
共同海損……………………………93

さくいん　　247

許　諾　→ライセンス
クラス・アクション………………………75
グラント・バック条項 ………………109
クロス・ライセンス …………………108
グローバル債 …………………………162
経済法 …………………………………175
経済連携協定 …………………………187
契約解除…………………………………69
契約自由の原則…………………………43
契約準拠法 …………26, 48, 125, 134, 142
契約適合性………………………………56
契約不適合………………………………56
結果発生地法…………………………35, 113
厳格責任…………………………………73
検査義務…………………………………59
原子力供給国グループ ………………126
権利適合性………………………………57
権利不争条項 …………………………109
行為能力…………………………………11
航海上の過失……………………………81
航海傭船契約……………………………80
効果主義 ………………………………177
恒久的施設 ……………………………155
工業所有権の保護に関するパリ条約
　→パリ条約
航空運送状………………………………91
公　序　………………………26, 38, 224
公正取引委員会 ………………………176
合　弁　………………………………141
　——契約 ……………………………141
公法上の規制…………………………15, 140
公法的規制…………………22, 125, 135, 209
国際海上物品運送法 …………………79, 87
国際経済法………………………………17
国際航空運送についてのある規則の統
　一に関する条約（1929 年）　→ワル

ソー条約
国際航空運送についてのある規則の統
　一に関する条約（1999 年）　→モン
　トリオール条約
国際コンサルティング・エンジニア連
　盟……………………………………128
国際裁判管轄 …………………………214
国際私法…………………………………24
国際商業会議所 …………20, 43, 87, 96
国際仲裁における利益相反に関する
　IBA ガイドライン …………………236
国際調停 ………………………………240
国際通貨基金……………………………82
国際的二重課税 ………………………153
国際投資 ………………………………146
国際物品売買契約に関する国際連合条
　約　→CISG
国際物品複合運送に関する国際連合条
　約……………………………………86
国内および国際定型取引条件の使用に
　関する ICC 規則　→インコタームズ
国内源泉所得 …………………………152
国連国際商取引法委員会……91, 128, 149
国連貿易開発会議………………………87
国家のデフォルト（債務不履行）……163
個品運送契約……………………………80
コルレス契約……………………………97
コンテナ輸送……………………………78

さ 行

最恵国待遇 …………………104, 147, 185
債　券　………………………………165
再実施 …………………………………108
裁判権免除………………………………14
裁判所送達 ……………………………219
最密接関係地法…………………………31, 208

債務不履行 …………………………64	職務著作 ………………………………107
指図証券性…………………………89	──の準拠法 …………………112
サブ・ライセンス →再実施	職務発明 ………………………………107
サプライチェーン ………………194	──の準拠法 …………………111
差別の禁止 …………………………204	処分証券性………………………………89
サレンダードB/L ………………90	シンガポール条約 …………………241
三角合併 ……………………………145	人権デューデリジェンス …………195
暫定保全措置命令 …………………237	シンジケートローン ………………164
市場型間接金融 ……………………164	信用状………………………………96
事情変更 ……………………………72	信用状統一規則………………………96
実質的再審査の禁止 ………………225	推薦仲裁条項 ………………………234
実質的な変更 ………………………52	スタンドバイ信用状…………………98
実質法的指定………………………30	請求権競合…………………………37
実費補償方式 ………………………120	請求権代位…………………………94
重大な契約違反………………52, 69, 70	制限免除主義…………………………14
自由貿易協定………………………21, 187	製作物供給契約…………………………46
修補請求 …………………………66, 67	生産物責任の準拠法…………………74
主観的併合 …………………………218	製造物責任……………………………73
主権免除 ……………………………163	製造物責任法…………………………73
守秘条項 ……………………………109	世界貿易機関………………………21, 185
準拠法…………………………16, 19, 24	世界法型………………………………18
──条項 ………………29, 88, 124	セカンダリー市場 …………………166
ジョイント・ベンチャー ……118, 141	絶対的留保説…………………………45
上級委員会 …………………188, 189	設立準拠法 ………12, 13, 139, 144, 145
証 券 ………………………………160	セミ・ターン・キー型 ……………119
証券化 ………………………………171	全世界所得 …………………………152
消尽論 ………………………………114	専属的管轄合意 ……………………214
承 諾 ………………………………50	選択的連結……………………………33
──の効力発生時点………………51	送金方式………………………………94
──の取りやめ……………………51	相互の保証 …………………………225
承認援助法 →外国倒産処理手続の承	贈収賄 ………………………………185
認援助に関する法律	総代理店 ……………………………133
消費者契約 ………………………33, 46	送 達 ………………………………224
商標機能論 …………………………116	送達条約 →民事又は商事に関する裁
商 法 ………………………83, 87, 89, 91	判上及び裁判外の文書の外国におけ
使用料 ………………………………107	る送達及び告知に関する条約

さくいん　　249

属地主義 ……………………………110
租税条約…………………………21, 147, 154
損害賠償…………………………………68
　——責任の限度 ………………82, 85
　——の額…………………………68, 82, 85

た　行

代金減額…………………………………69
代金の支払………………………………57
　——時期 ………………………………58
　——場所 ………………………………58
代替品引渡請求…………………………66
代理店 …………………………………130
　——契約 ……………………………131
多数国間暫定上訴仲裁アレンジメント
　（MPIA）……………………………189
タックス・ヘイブン …………………156
単位法律関係……………………………25
単価方式 ………………………………120
ターン・キー型 …………………119, 125
堪航能力…………………………………81
知的財産権………………………………57
知的所有権の貿易関連の側面に関する
　協定　→TRIPS協定
仲裁可能性 ……………………………232
仲裁機関 ………………………………229
仲裁規則 ………………………………231
仲裁合意……………………227, 228, 231
　——準拠法 …………………………233
仲裁地 …………………………………230
仲裁廷 …………………………………234
仲裁人 ……………………………227, 235
　——の忌避 …………………………236
　——の忌避申立て …………………234
仲裁判断 …………………………227, 238
　——に基づく執行 …………………238

——の取消し …………………………238
調停による国際的な和解合意に関する
　国際連合条約　→シンガポール条約
懲罰的損害賠償 ………………39, 75, 224
直接管轄 ………………………………223
直接金融 ………………………………160
直接投資 ………………………………146
地理的表示 ……………………………105
追完可能性………………………………70
追完権 ……………………………65, 69
追完請求 …………………………65, 66
通貨オプション ………………………159
通常使用目的……………………………56
定額方式 ………………………………120
抵触法的指定……………………………31
ディスクレ………………………………96
手形支払書類渡条件……………………95
手形引受書類渡条件……………………95
手続準備会合 …………………………237
電信送金…………………………………98
統一私法 …………………………18, 19
　——条約…………………………………42
投資協定仲裁 …………………147, 239
当事者自治………………………………27
　——の原則…………………………28, 208
投資紛争解決国際センター ……147, 240
到　達 …………………………………50, 51
独占禁止法 ………………108, 137, 174
独占実施権 ……………………………108
独占代理店 ……………………………133
独占販売店 ……………………………133
特徴的給付の理論………………32, 134
特定使用目的……………………………56
特定履行…………………………………65
特別の事情 ……………………………218
特別引出権 …………………………82, 85

250

特約の禁止 ……………………83, 86
特許独立原則 ……………………102
取立方式………………………………94
取引保護規定 ……………………12, 13

な　行

内国民待遇原則 ………102, 103, 104, 186
荷為替信用状……………………………96
荷為替手形………………………………95
二国間投資協定………18, 147, 188, 240
ニューヨーク条約 ……………………230
任意法規…………………………………47
ネッティング……………………………95
ネットワーク・システム……………87
能動的消費者……………………………34
ノウハウ ………………100, 105, 123

は　行

廃棄請求 …………………………113, 114
売買契約…………………………………46
パーソナル・データ …………………198
パテント・プール ……………………108
ハードシップ……………………………72
　　――条項………………………72, 124
パネル（小委員会）……………188, 189
ハラスメントの禁止 …………………205
パリ条約 ………………101, 104, 110
バリューチェーン ……………………194
反対申込み………………………………51
販売店 ……………………………………130
　　――契約……………………………131
ハンブルク・ルール……………………80
万民法型 …………………………18, 42
引渡しの受領……………………………58
非国家法…………………………………30
ビジネスと人権 ………………………192

――に関する指導原則 …………194
非専属的管轄合意 ……………………214
秘密保持 ………………………………121
　　――契約 …………………………121
　　――条項 ………109, 121, 123, 124, 133
標準運送約款……………………………87
標準契約書 ……………………………161
標準契約約款 ………20, 43, 47, 72, 127
標準的推奨条項 ………………………234
表明保証 ………………………………163
フォーラム・ショッピング　→法廷地
　漁り
不可抗力…………………………………71, 121
　　――条項…………………70, 122, 124
複合運送 …………………………77, 86
附従的連結………………………………38
不正競争防止法 ………………………105
付託事項書 ……………………………237
物　品……………………………………45
　　――の引渡時期……………………54
　　――の引渡場所……………………53
物品不適合………………………………59
　　――の通知 …………………58, 59
船積書類…………………………………88
船荷証券…………………………………88
　　――に関するある規則の統一のため
　　の国際条約　→ヘーグ・ルール
　　――の危機…………………………90
　　――の物権的効力…………………89
プライマリー市場 ……………………166
ブラウン管事件 ………………………178
フラストレーション……………………70
フランチャイズ契約……………46, 131
プラント …………………………………117
　　――輸出契約…………………46, 117
フル・ターン・キー型 ………………119

さくいん　　251

プロジェクト・ファイナンス …118, 169
文学的及び美術的著作物の保護に関す
　るベルヌ条約　→ベルヌ条約
分割指定……………………………………30
紛争解決条項………………………88, 124
分損担保……………………………………93
分損不担保…………………………………93
分離可能性………………………………232
並行倒産…………………………………151
並行輸入…………………………………114
米国輸出管理規制………………………127
ヘーグ・ヴィスビー・ルール…………79
ヘーグ・ルール……………………………79
ベルヌ条約 ………101, 103, 104, 110, 114
片面的強行規定……………………………83
ボイラープレート条項…………………124
法性決定……………………………………25
法廷地漁り…………………………………74
法定通貨…………………………………158
法の適用に関する通則法…………………25
保証状……………………………………121
保証渡………………………………………89

ま　行

ミサイル技術管理レジーム …………126
民事訴訟手続に関する条約 …………220
民事又は商事に関する裁判上及び裁判
　外の文書の外国における送達及び告
　知に関する条約 ………………………220
民訴条約　→民事訴訟手続に関する条
　約
無方式主義………………………………103
申込み………………………………………49
　——の効力発生時点……………………50
　——の撤回………………………………50
　——の取りやめ…………………………50

——の誘引…………………………………50
モントリオール条約……………83, 87, 91

や　行

有事規制……………………………………23
優先権制度 ………………………………103
輸出管理レジーム………………………126
輸出取引信用保険…………………………94
輸出貿易管理令…………………………127
ユニフォーム・システム…………………87
ユーロ債…………………………………162
ユーロ市場………………………………162
ヨーク・アントワープ規則………………93

ら　行

ライセンサー……………………………107
ライセンシー……………………………107
ライセンス………………………………107
　——契約 …………………………108, 123
利害関係開示義務………………………235
履行請求………………………………65, 66
履行保証…………………………………121
リスク移転………………………………122
リース契約…………………………………46
リスト規制………………………………126
領事送達…………………………………219
連結点………………………………………25
ロイズ………………………………………93
労務提供地………………………………208
ロッテルダム・ルール……………………80
ローン（貸付）…………………………160

わ　行

ワッセナー・アレンジメント ………126
ワルソー条約………………………………83

国際取引法入門

Introduction to Legal Aspects of International Business Transactions

2024 年 11 月 20 日　初版第 1 刷発行

編　者　　早川吉尚・森下哲朗

発行者　　江草貞治

発行所　　株式会社有斐閣

　　　　　〒101-0051 東京都千代田区神田神保町 2-17

　　　　　https://www.yuhikaku.co.jp/

装　丁　　堀由佳里

印　刷　　株式会社精興社

製　本　　大口製本印刷株式会社

装丁印刷　株式会社亨有堂印刷所

落丁・乱丁本はお取替えいたします。定価はカバーに表示してあります。

©2024, Y. Hayakawa, T. Morishita.

Printed in Japan ISBN 978-4-641-04698-6

本書のコピー，スキャン，デジタル化等の無断複製は著作権法上での例外を除き禁じられています。本書を代行業者等の第三者に依頼してスキャンやデジタル化することは，たとえ個人や家庭内の利用でも著作権法違反です。

JCOPY 本書の無断複写（コピー）は，著作権法上での例外を除き，禁じられています。複写される場合は，そのつど事前に，(一社)出版者著作権管理機構（電話 03-5244-5088, FAX 03-5244-5089, e-mail:info@jcopy.or.jp）の許諾を得てください。